자녀를 성공시키는 부모의 기도

자녀를 성공시키는 부모의 기도

지은이 ǀ 리차드 & 힐드브랜드
옮긴이 ǀ 편집부
초판 1쇄 펴낸 날 ǀ 2004년 2월 2일
초판 7쇄 펴낸 날 ǀ 2008년 1월 31일
등록번호 ǀ 129-81-80357
등록일자 ǀ 2005년 1월 12일
등록처 ǀ 경기도 고양시 일산구 장항동 578-16 나동
발행처 ǀ 도서출판 NCD

값 6,800원
ISBN 978-89-5788-056-2

▪ 잘못되거나 파손된 책은 구입하신 서점에서 교환해 드립니다.
▪ 이 책의 성경은 대한성서공회의 개역한글판을 사용하였습니다.

도서출판 NCD
주소 ǀ 서울시 강남구 대치동 944-20 동우리빌딩 2층
주문 / 영업부(일산) ǀ (031) 031-905-0434 팩스 (031) 905-7092
본사 / 편집부(강남) ǀ (02) 538-0409 팩스 (02) 561-7076
한국 NCD / 지원 · 코칭 ǀ (02) 565-7767 팩스 (02) 566-7754
홈페이지 ǀ www.NCDKorea.com

크리스천코칭센터
문의 ǀ (02) 566-7752 팩스 (02) 566-7754
홈페이지 ǀ www.christiancoaching.co.kr
        info@ncdkorea.com

건강한 교회로 성장시키는 도서출판 NCD

도서출판 NCD는 '자연적으로 성장하는 더 좋고 많은 교회 번식 운동'을 펼치고 있는 한국NCD와 크리스천코칭센터 및 이와 관련된 기관들의 사역을 문서로 지원하는 출판사입니다.

한국 NCD는 현재 전 세계 6대주 66개국 10,000교회 4,200만 자료로 검증된 설문 조사 자료를 토대로 하여 한국에서 8가지 질적 특성을 중심으로 교회의 건강을 진단할 뿐만 아니라 더 많은 교회들이 건강하게 세워질 수 있도록 지속적으로 자료 및 도구 제공, 훈련, 세미나, 컨설팅, 코칭 사역, 세계 선교, 지역 및 정보 네트워크를 위해 사역하고 있는 국제적인 전문 사역 기관입니다.

※ 보다 자세한 사항은 홈페이지를 참고하세요.

자녀를 성공시키는 부모의 기도

자녀들을 위한 기도 – 다양한 기도의 패턴

하나님께서 주신 부모와 자녀를 위한 가이드
God's Guidelines For Parents & Children

성공한 부모는, 자신이 자녀에게 가르친 것에 대해 몸소 자신의 일생을 통해서 아름다운 본을 보이고자 노력한다. 그럼으로써, 사랑하는 마음으로 말하는 법을 연구한다.

— 앤드류 머레이

본을 보이는 리더십

우리 자녀들에게 성경의 원리를 가르치려면, 우리의 행동이나 가치관을 통해 믿음의 본을 보여 주는 것이 가장 좋은 방법이다. 이러한 믿음의 본을 통해 하나님의 법칙들이 자녀들에게 아주 자연스럽게 비춰지게 된다. 에드먼드 버크Edmund Burke는 "모범은 온 인류의 학교이다. 다른 것을 통해서는 배우지 못한다."라고 말한 바 있다. 즉, 좋은 본보기만이 부모로서 아이들에게 해 줄 수 있는 가장 중요한 교육이라 할 수 있다. 이러한 예를 여호수아는 성경에서 잘 지적하고 있다.

"만일 여호와를 섬기는 것이 너희에게 좋지 않게 보이거든, 너희 열조가 강 저편에서 섬기던 신이든지 혹 너희의 거하는 땅 아모리 사람의 신이든지 너희 섬길 자를 오늘날 택하라. 오직 나와 내 집은 여호와를 섬기겠노라"(수 24:15).

우리는 자녀들을 위해 기도해야 한다. 더 나아가 신앙이 없는 부모를 둔 아이들을 위해서도 기도해야 한다. 하나님은 우리 모두가 구원받기를 바라고 계신다. 바울이 젊은 디모데에게 쓴 편지에서 지적했듯이, 때때로 자녀들 역시 그들의 부모와 다른 사람들에게 아주 좋은 본보기가 될 수도 있다. 또한, 영적인 문제에 있어서, 믿지 않는 부모를 둔 아이들이 때로는 가족 가운데서 주도권을 잡아야 하는 경우도 있다.

"누구든지 네 연소함을 업신여기지 못하게 하고 오직 말과 행실과 사랑과 믿음과 정절에 대하여 믿는 자에게 본이 되어"(딤전 4:12).

위 말씀에서 언급한 모든 영역 – 말, 행실, 사랑, 믿음, 정절 – 에 있어서, 부모들은 아이들에게 좋은 본보기가 되어야 한다. 사무엘 존슨Samuel Johnson이 언급했듯이, "본보기는 언제나 교훈보다 나은 법"이기 때문이다.

말의 본보기

모든 인간관계가 그러하듯이, 부모와 자식의 관계에서도 효과적인 커뮤니케이션은 아주 중요하다. 아이들과 원활한 커뮤니케이션을 나누기 위해서는 다음과 같은 원칙들에 유의

해야 한다.

- 격려해 주고, 비판하지 않는다.
- 아이들을 칭찬해 주고, 깎아내리지 않는다.
- 건설적인 비평을 하고, 비난하지 않는다.
- 덕성을 북돋아 주며 훈계를 하되, 과소평가하지 않는다.
- 아이들을 존경하고, 무시하지 않는다.
- 하나님의 이름을 영화롭게 하고, 망령되이 일컫지 않는다.
- 아이들에게 하나님의 말씀을 읽어 준다.
- 아이들 앞에서 성경을 공부한다.
- 아이들에게 신앙 서적을 읽어 준다.
- 성경구절들을 암송할 수 있도록 도와준다.
- 아이들을 축복한다.
- 아이들과 함께 기도한다.
- 아이들을 가르친다.
- 아이들의 말에 귀를 기울인다.
- 아이들과 함께 시간을 보내며 놀아 준다.
- 아이들의 여러 가지 일들에 대해 상담해 주고 조언한다.
- 타인에 관한 가십이나 중상, 비판을 삼간다.
- 윗사람들에 대해 공손한 태도의 본을 보인다.
- 하나님을 찬양한다.
- 감사하는 마음을 가진다.
- 아이들의 관심사에 주의를 기울인다.

- 아이들에게 부모로서 사랑을 표현한다.
- 건전한 방식으로 갈등을 해결하는 모범을 보인다.

이런 태도와 행동들이야말로 "말로 배우는 것보다 더 좋은 터득법"이다. 우리가 아이들을 사랑한다면, 그들이 잘 자랄 수 있는 윤택한 환경을 제공해 주어야 한다. 우리가 아이들로부터 존경을 받고 싶다면, 우리 역시 그들을 존중해야 한다. 우리의 아이들은 각각 모든 분야에서 우리 자신들을 닮게 될 가능성이 아주 많기 때문이다.

대화의 본보기

NIV성경에서는 '대화'conversation라는 단어 대신에 '생활'life이라는 말을 사용하고 있다. 사도 바울은 사람들과 '대화'할 때 좋은 모범을 보여야 한다는 사실을 지적하면서, 사람들의 '생활 태도'에 대해 언급하고 있다. 부모로서 우리의 생활은 나무랄 데가 없어야 한다. 사도 바울은, "악은 모든 모양이라도 버리라. 평강의 하나님이 친히 너희로 거룩하게 하시고……"(살전 5:22~23)라고 기록하고 있다.

우리가 크리스천으로서 자녀들에게 보여 주어야 할 생활 태도는 경건함, 의로움, 거룩함을 기초로 해야 한다. 바울이 이런 태도의 특징에 대해 구체적으로 언급한 바 있다.

"너희는 모든 악독과 노함과 분냄과 떠드는 것과 훼방하는 것을 모든 악의와 함께 버리고 서로 인자하게 하며 불쌍히 여기며 서로 용서하기를 하나님이 그리스도 안에서 너희를 용서하심과 같이 하라"(엡 4:31-32).

십계명, 황금률(마 7:12, 눅 6:31), 산상 수훈, 그리고 그 외의 많은 성경 구절을 보면, 크리스천의 생활양식에 실제로 수반되어야 할 덕목에 대해 생생히 묘사를 하고 있다. 예수께서는 하나님의 계명에 따라 살 수 있는 한 가지 비결에 대해 다음과 같이 말씀하셨다. "내 안에 거하라. 나도 너희 안에 거하리라. 가지가 포도나무에 붙어 있지 아니하면 절로 과실을 맺을 수 없음 같이 너희도 내 안에 있지 아니하면 그러하리라. 나는 포도나무요, 너희는 가지니, 저가 내 안에 내가 저 안에 있으면 이 사람은 과실을 많이 맺나니 나를 떠나서는 너희가 아무 것도 할 수 없음이라"(요 15:4~5).

그리스도 안에 거하는 것, 우리 안에 그분이 좌정하시도록 하는 것은, 우리 가족을 향하신 하나님의 궁극적인 계획이다. 사도 바울은 "내게 능력 주시는 자 안에서 내가 모든 것을 할 수 있느니라"(빌 4:13)고 고백하고 있다. 우리 안에 성령이 충만할 때, 우리는 자녀들과의 관계에서도 좋은 얼매를 맺게 된다. 성령의 열매는 우리로 하여금 자녀들과 다른 사람들 앞에서 진정한 그리스도인으로서의 삶을 살 수 있도록 도와준다.

"오직 성령의 열매는 사랑과 희락과 화평과 오래 참음과 자비와 양선과 충성과 온유와 절제니 이같은 것을 금지할 법이 없느니라"(갈 5:22-23).

자비의 본보기

자비는 사랑이다. 사랑은 효과적인 양육을 위해서 아주 중요한 부분이다. 사랑이 없으면, 사도 바울이 언급한 바와 같이, 우리 아이들에게, "소리 나는 구리와 울리는 꽹과리"가 될 뿐이다. 크리스천 가정은 사랑에 그 기초를 두어야 한다.

"남편들아, 아내 사랑하기를 그리스도께서 교회를 사랑하시고 위하여 자신을 주심 같이 하라. 이는 곧 물로 씻어 말씀으로 깨끗하게 하사 거룩하게 하시고 자기 앞에 영광스러운 교회로 세우사 티나 주름 잡힌 것이나 이런 것들이 없이 거룩하고 흠이 없게 하려 하심이니라. 이와 같이 남편들도 자기 아내 사랑하기를 제 몸 같이 할찌니 자기 아내를 사랑하는 자는 자기를 사랑하는 것이라. 누구든지 언제든지 제 육체를 미워하지 않고 오직 양육하여 보호하기를 그리스도께서 교회를 보양함과 같이 하나니 우리는 그 몸의 지체임이니라. 이러므로 사람이 부모를 떠나 그 아내와 합하여 그 둘이 한 육체가 될찌니, 이 비밀이 크도다. 내가 그리스도와 교회에 대하여 말하노라. 그러나 너희도 각각 자기의 아내 사랑하기를 자기 같이 하고 아내도 그 남편을 경외하라. 자녀들아, 너희 부모를 주 안에서 순종하라 이것이 옳으니라. 네 아버지와 어머니를 공경하라 이것이 약속 있는 첫 계명이니, 이는 네가 잘 되고 땅에서 장수하리라. 또 아비들아, 너희 자녀를 노엽게 하지 말고 오직 주의 교양과 훈계로 양육하라"(엡 5:25-6:4).

남편이 아내를 진심으로 사랑하면, 그 가정 안에는 사랑과 배려의 분위기가 자연스럽게 형성되어, 아내는 남편을 더 존경할 수 있게 되고 자녀들도 부모에게 더 잘 순종하게 된다. 에이치 페이지 윌리엄스H. Page Williams가 그의 책에서, "자기 아내를 사랑하도록 하라. 그것이 당신을 돕는 길이다."라고 말한 것처럼, 남편이 우선적으로 사랑을 실천함으로써 가족 안에 사랑의 분위기가 조성될 때, 모두가 더 긍정적으로 반응하게 될 것이다.

사도 바울이 "사랑으로 역사하는 믿음뿐이니라"(갈 5:6)라고 말한 것을 기억하자.

영적인 본보기

예수께서는, "너희는 먼저 그의 나라와 그의 의를 구하라. 그리하면 이 모든 것을 너희에게 더하시리라"(마 6:33)고 말씀하셨다. 이는 영적인 가치들을 가장 우선순위에 두는 말씀이다. 이처럼 모든 일에 하나님을 우선시 하는 부모가 이끄는 가정이야말로 진정 축복을 받게 된다.

"여호와를 경외하며 그 도에 행하는 자마다 복이 있도다. 네가 네 손이 수고한 대로 먹을 것이라. 네가 복되고 형통하리로다. 네 집 내실에 있는 네 아내는 결실한 포도나무 같으며 네 상에 둘린 자식은 어린 감람나무 같으리로다. 여호와를 경외하는 자는 이같이 복을 얻으리로다"(시 128:1-4).

행복, 번영, 축복, 풍성한 열매, 이 모든 복은 영적인 것들에 최고의 가치를 둔 부모들에게 주어지는 상급이다. 그 부모의 아이들은 올리브 나무 – 성경에서 가장 중요한 나무의 상징인데, 이는 그 열매가 음식으로도 쓰이고, 연료, 등불, 목재, 연고, 약 등 다양하게 사용되기 때문이다. – 같을 것이며, 행복과 축복의 근원이 되고, 즐거움과 사랑, 기쁨으로 가정이 가득 차게 될 것이다.

믿음의 본보기

하나님은 우리가 말씀 안에서 그분을 굳게 붙들기 원하신다. 그분의 약속 위에 굳건히 서서, 하나님이 모든 완전하고 좋은 선물을 주시는 분이라고 믿기 원하신다. – 이 책의 '하나님의 약속' 이란 제목의 단락을 반드시 읽기 바란다.

윌리엄 워드워스William Wordworth는, "그러므로 믿음으로 축복하라. 우리가 사랑하는 것을 다른 이들도 사랑하게 되리라. 그리고 우리가 그들을 어떻게 사랑하는지, 그 방법을 전수하게 되리라.”고 했다. 즉, 우리가 사랑할 수 있도록 도와주는 것이 바로 믿음이며, 우리 아이들을 사랑함으로써 우리는 그들에게 믿음의 중요성을 가르칠 수 있게 되는 것이다. 믿음과 사랑은 한 쌍이다. 마치 자비와 양선처럼 떼려야 뗄 수 없는 존재들이다.

믿음을 내보일 수 없는 환경이 가족들 앞에 다가오게 될 때, 부모들이 믿음의 진실한 가치를 드러내 보일 때가 바로 이때이다. 그들은 자신의 아이들에게 믿음으로 얻은 힘과 승리, 진리를 보여 주게 된다.

"복음에는 하나님의 의가 나타나서 믿음으로 믿음에 이르게 하나니, 기록된바 오직 의인은 믿음으로 말미암아 살리라 함과 같으니라"(롬 1:17).

믿음의 본을 보이는 것은 우리 아이들에게 가르쳐야 할 가장 중요한 가치관 중 하나이다. 믿음이야말로 어려운 시기를 끝까지 통과할 수 있는 힘을 주기 때문이다. 믿음은 하나님의 약속을 실제 상황에서 적용할 수 있게 해 준다. 믿음은 깨진 꿈을 회복시키고, 깨진 마음을 싸매 주며, 심지어 믿음의 기도는 병자를 낫게 한다. 부모가 흔들리지 않는 믿음의 행보를 내딛는다면, 아이들의 삶에 든든한 기초를 세워 주게 될 것이다.

청결함의 본보기

청결한 마음이 청결한 인생을 살게 한다. 예수께서도 "마음
이 청결한 자는 복이 있나니 저희가 하나님을 볼 것임이요"(마
5:8)라고 하셨다. 우리는 아이들이 순수함과 깨끗함을 잃지 않
기를 원한다. 우리가 청결의 본을 보임으로써 어떻게 이를 행
하는지 보여 주게 된다. 마음의 청결함은 결국 하나님의 말씀
으로 인해 이룰 수 있다.

"너희는 내가 일러 준 말로 이미 깨끗하였으니"(요 15 :3).

성경 말씀을 묵상하고, 그 말씀들을 우리 마음 깊숙히 간직
하고 날마다 상고하자. 그리고 기록된 약속의 말씀들을 놓고
기도하자. 또한, 우리 아이들에게 그 말씀을 가르치자. 이렇
게 될 때 우리는 우리 삶과 아이들과 가정을 순전하게 지킬
수 있다. 말씀은 우리가 모든 것을 분별할 수 있는 창window
과 같다.

"무엇에든지 참되며 무엇에든지 경건하며 무엇에든지 옳으며 무엇
에든지 정결하며 무엇에든지 사랑할 만하며 무엇에든지 칭찬할 만
하며 무슨 덕이 있든지 무슨 기림이 있든지 이것들을 생각하라"(빌
4:8).

우리 마음속에 품고 있는 것들이 행동을 통해 드러나게 된다. 우리가 마음속에 하나님의 말씀을 새겨 둔다면, 그리고 위의 말씀에서 열거하고 있는 소중한 가치들에 관심을 기울인다면, 우리 삶 속에 그러한 특성들이 드러나게 될 것이다. 그 결과, 우리 아이들도 그 가치들에 충실한 사람이 되도록 영향을 받게 될 것이다.

아이들 가르치기

우리가 우리 아이들에게 가르치고 싶은 가치관과 진리가 있다면, 그것들이 먼저 우리 삶에 명백히 드러나야만 아이들도 우리의 바른 훈계를 받아들일 준비가 될 것이다.

"네 모든 자녀는 여호와의 교훈을 받은 것이니 네 자녀는 크게 평강할 것이며"(사 54:13).

평강은 우리가 아이들에게 주의 길을 가르칠 때 충만해지는 것이다. 아이들이 일단 주의 말씀에 의해 솟아나는 마음의 안정과 평강을 직접 체험하게 되면, 억지로 시키지 않아도 스스로 하나님의 진리를 찾게 될 것이다.

"오늘날 내가 네게 명하는 이 말씀을 너는 마음에 새기고, 네 자녀에게 부지런히 가르치며, 집에 앉았을 때에든지 길에 행할 때에든지

누웠을 때에든지 일어날 때에든지 이 말씀을 강론할 것이며, 너는
또 그것을 네 손목에 매어 기호를 삼으며 네 미간에 붙여 표를 삼고,
또 네 집 문설주와 바깥 문에 기록할찌니라"(신 6:6-9).

위 말씀에서의 키워드는 아마도 '부지런히' 일 것이다. 부
지런함과 꾸준함은 경건하게 양육하는 데 아주 중요한 요소
들이다. 우리 아이들은 모두 자신들이 지켜야 할 한계선에 대
해서 알 필요가 있다. 부모들은 반드시 가정에서 일관성있게
규칙들을 시행해야 한다. 그리고, 아이들로 하여금 그들이 그
규칙을 깨뜨렸을 때는 어떤 대가를 치루어야 하는지 알게 해
야 한다. 어디까지가 경계선인지 알아야 안전한 법이다.

크리스천의 교육은 우리 아이들을 주 예수 그리스도를 따
르는 제자가 될 수 있도록 제자화 하는 데 그 목적이 있다. 주
님을 따르는 자들은 반드시 주님께 순종해야 한다. 부모들은
아이들에게 이 사실을 주지시키고, 끊임없이 하나님 말씀의
진리를 아이들과 함께 나누어야 한다. 이렇게 하면 다음과 같
은 놀라운 결과를 경험하게 될 것이다.

"마땅히 행할 길을 아이에게 가르치라 그리하면 늙어도 그것을 떠
나지 아니하리라"(잠 22:6).

교정

너무나 자주 우리 부모들은 교정correction이라는 말을 징벌 punishment이라는 단어로 해석하는 경향이 있다. 교정(矯訂)이라는 단어와 좀 더 유사한 단어는 훈육discipline일 것이다. 즉, 훈련시키고, 훈계하고, 가르친다는 의미다. 일관된 교정을 통해, 부모는 자녀들에게 중요한 많은 진리들을 가르칠 수 있다.

기억해야 할 것은, 교정은 반드시 사랑으로, 공정하게, 일관되게 행해져야 한다는 것이다. 당신의 자녀를 분노로 다스리지 말라. 분노는 분노를 낳을 뿐이다. 어떤 사람도 아이가 분노하게 되기를 원치 않을 것이다. 사도 바울은 다음과 같이 기록하고 있다.

"또 아비들아, 너희 자녀를 노엽게 하지 말고 오직 주의 교양과 훈계로 양육하라"(엡 6:4).

자녀를 양육할 때, 자녀들을 주의 교양과 훈계로 양육하는 것을 목표로 삼아야 한다. 우리가 모범을 보이고자 할 때나 기도할 때, 그리고 가르치고 교화시키고자 할 때, 항상 이 목표를 염두에 두어야 한다. 바로 우리가 우리의 역할을 충실히 행할 때, 하나님께서 이루어 주실 것이다.

자녀의 가치

"내 아들의 향취는 여호와의 복 주신 밭의 향취로다"(창 27:27).

"요셉은 노년에 얻은 아들이므로 이스라엘이 여러 아들보다 그를 깊이 사랑하여"(창 37:3).

"내가 자식을 잃게 되면 잃으리로다"(창 43:14).

"자식은 여호와의 주신 기업이요, 태의 열매는 그의 상급이로다"(시 127:3).

"젊은 자의 자식은 장사의 수중의 화살 같으니, 이것이 그 전통에 가득한 자는 복되도다"(시 127:4-5).

"지혜로운 자식을 낳은 자는 그를 인하여 즐거울 것이니라"(잠 23:24).

"어린아이가 그들을 몰고 다니리라"(사 11:6).

"또 누구든지 내 이름으로 이런 어린아이 하나를 영접하면 나를 영접함이니"(마 18:5).

"어린 아기와 젖먹이들의 입에서 나오는 찬미를 온전케 하셨나이다 함을 너희가 읽어 본 일이 없느냐 하시고"(마21:16).

"누구든지 나를 믿는 이 소자 중 하나를 실족케 하면 차라리 연자 맷돌을 그 목에 달리우고 바다에 던지움이 나으리라"(막 9:42).

"어린아이들의 내게 오는 것을 용납하고 금하지 말라 하나님의 나라가 이런 자의 것이니라"(막 10:14).

"내가 내 자녀들이 진리 안에서 행한다 함을 듣는 것보다 더 즐거움이 없도다"(요삼 1:4).

진실로 자녀는 우리 삶 속에 주어진 거룩한 복이다. 예수께서도 어린아이들을 무척 사랑하셨다. 진정 아이들은 하나님께로부터 받은 기업이다. 그분은 우리에게 자녀들을 상급으로 주셨다. 이들은 우리에게 행복을 가져다주기도 하고, 기쁨을 안겨다 주기도 한다. 때로는 부모인 우리들이 아이들에게서 교훈을 받을 때도 있다. 특히 신뢰와 진실, 때묻지 않은 순결함, 순수함, 정직, 믿음, 사랑과 같은 면에서는 아이들이 우리를 월등히 앞서기도 한다. 우리가 아이들을 영접하면, 주님을 영접하는 것과 같은 것이다. 또한, 어린아이의 외침은 하나님을 찬양하는 완벽한 찬미의 소리라고 말씀한다. 어린아이 같은 천진함은 하나님 나라에 들어가기 위한 선결조건이다. 그들은 얼마나 사랑스럽고 축복된 존재들인가!

자녀를 주시리라는 약속

"네 자손이 땅의 티끌 같이 되어서 동서 사방에 편만할지며"(창 28:14).

"그 자식들은 일어나 사례하며 그 남편은 칭찬하기를"(잠 31:28).

"집과 재물은 조상에게서 상속하거니와 슬기로운 아내는 여호와께로서 말미암느니라"(잠 19:14).

"땅의 모든 족속이 너와 네 자손을 인하여 복을 얻으리라"(창 28:14).

"내가 네 자손으로 땅의 티끌 같게 하리니 사람이 땅의 티끌을 능히 셀 수 있을진대 네 자손도 세리라"(창 13:16).

"잉태하지 못하던 여자로 집에 거하게 하사 자녀의 즐거운 어미가 되게 하시는도다"(시 113:9).

여호와께서 또 가라사대 내가 그들과 세운 나의 언약이 이러하니 곧

"네 위에 있는 나의 신과 네 입에 둔 나의 말이 이제부터 영영토록
네 입에서와 네 후손의 입에서와 네 후손의 후손의 입에서 떠나지
아니하리라 하시니라. 여호와의 말씀이니라"(사 59:21).

하나님께서는 의인들에게 풍성한 결실, 축복, 번영, 폭넓은
영향력, 대를 이음과 기쁨을 약속하셨다. 의로운 가족의 혈통
은 모든 세대에 이르기까지, 후대의 삶에 거룩한 영향력을 미
치게 되는 것이다.

좋은 영향의 경건 훈련

"초달을 차마 못하는 자는 그 자식을 미워함이라. 자식을 사랑하는
자는 근실히 징계하느니라"(잠 13:24) .

"네가 네 아들에게 소망이 있은즉 그를 징계하고 죽일 마음은 두지
말찌니라"(잠 19:18).

"마땅히 행할 길을 아이에게 가르치라. 그리하면 늙어도 그것을 떠
나지 아니하리라"(잠 22:6).

"아이의 마음에는 미련한 것이 얽혔으나 징계하는 채찍이 이를 멀
리 쫓아내리라"(잠 22:15).

"아이를 훈계하지 아니치 말라. 채찍으로 그를 때릴찌라도 죽지 아니하리라"(잠 23:13).

"네 자식을 징계하라. 그리하면 그가 너를 평안하게 하겠고 또 네 마음에 기쁨을 주리라"(잠 29:17).

"아비들아, 너희 자녀를 격노케 말찌니 낙심할까 함이라"(골 3:21).

경건의 훈련과 연습은 우리 아이들을 여러 가지 면에서 도와준다. 그들의 행동을 변화시키고, 장래의 성공을 보장해 준다. 어리석은 마음을 몰아내 주고, 지옥의 길목에서 돌이키게 해 준다. 그리고 그들에게 용기를 북돋아 준다. 많은 사람들이 자녀들의 잘못을 바로잡아 주지 못하는 실수를 번복하는데, 그러다 보면 아이들은 어리석고 이기적이며 화를 잘 내는 사람이 되고 만다. 불순종하는 자녀의 부모는 부끄러움을 당하게 되지만, 순종하는 자녀의 부모는 기쁨을 얻게 된다.

의에 대한 훈육

"내 아들아, 네 아비의 훈계를 들으며, 네 어미의 법을 떠나지 말라. 이는 네 머리의 아름다운 관이요, 네 목의 금사슬이니라"(잠 1:8-9).

"아들들아 아비의 훈계를 들으며 명철을 얻기에 주의하라"(잠 4:1).

"지혜로운 아들은 아비의 훈계를 들으나 거만한 자는 꾸지람을 즐겨 듣지 아니하느니라"(잠 13:1).

"아비의 훈계를 업신여기는 자는 미련한 자요, 경계를 받는 자는 슬기를 얻을 자니라"(잠 15:5).

"모든 성경은 하나님의 감동으로 된 것으로 교훈과 책망과 바르게 함과 의로 교육하기에 유익하니, 이는 하나님의 사람으로 온전케 하며 모든 선한 일을 행하기에 온전케 하려 함이니라"(딤후 3:16-17).

의에 대해 훈육하는 것은 크리스천 부모로서 자녀들에게 마땅히 행해야 할 책임이다. 하나님의 말씀을 기초로 아이들을 의로 교육한다면, 아이들의 삶 속에 지혜와 아름다움, 영적인 분별력, 그리고 선행과 같은 아름다운 열매들이 결실로 나타나게 될 것이다.

예수의 사랑

기독 교의론Church Dogmatica을 저술한 위대한 신학자 카알 바르트Karl Barth가 80세 생일을 맞이했을 때, 한 기자가 그에게 다음과 같은 질문을 던졌다. "바르트 박사님, 모든 성경과 신학에 대해 연구하며 보내신 당신의 전 생애를 통틀어서, 당신이 깨달은 가장 중요한 것은 무엇입니까?"

향년 80세에 이른 이 노년의 박사는 잠깐 생각에 잠기더니, 머리를 긁적이며 이렇게 대답했다. "나는 그게 바로, '예수님이 나를 사랑하신다.' 라는 말씀이라고 생각하네. 성경에서 그렇게 나에게 말씀하고 있기 때문에, 나도 그렇게 알고 있지."

우리가 아이들과 함께 기도하고 찬양할 때, 그리고 아이들을 가르치고 훈육할 때, 반드시 이 메시지가 그들의 마음속에 깊이 이입되도록 명심하자.

부모와 자녀들을 향한 하나님의 약속들

God's Promises For Parents & Children

여호와여 주는 우리 아버지시니이다. 우리는 진흙이요, 주는 토기장
이시니 우리는 다 주의 손으로 지으신 것이라(사 64:8).

하나님 – 부모의 모범이 되시는 분

하늘에 계신 우리 아버지는 부모의 고충과 기쁨을 너무나
잘 알고 계신다. 당신처럼 하나님도 항상 그분의 자녀들에게
최선의 것을 기대하신다. 하나님은 당신의 자녀들이 실수를
피해 가기 원하시고, 자녀들이 온전하게 성장하여, 건강하고
행복하게 살아가기를 바라신다. "아비가 자식을 불쌍히 여김
같이 여호와께서 자기를 경외하는 자를 불쌍히 여기시나니"
(시 103:3)라고 기록된 바와 같다.

하지만, 불행히도 하나님의 자녀들은 그분에게 때때로 반
발해 왔다. 어떤 이들은 하나님과 그분의 권고에서 등을 놀렸
고, 어떤 이들은 형제와 경쟁하고 다투는 데 바빴으며, 모든
이들이 하나님께 불순종했다. 옳지 못한 선택을 하는 자녀들
을 바라보고만 있어야 하는 부모의 심성이 어떤 것인지, 그

상처를 하나님은 친히 알고 계신다.

우리 모두는 각자 자신의 자유 의지를 가지고 있기 때문에, 우리 아버지 하나님을 경배하고 사랑하고 예배하고 순종할 선택권을 가지고 있다. 하나님은 우리가 필요에 의해서가 아니라, 자신의 의지로 그분을 사랑하기를 원하신다. 하나님은 우리가 하나님을 알고, 하나님 안에서 영원한 기쁨을 누리기 원하신다. 만약 우리가 자연스럽게 본래부터 하나님을 사랑하도록 창조되었다면, 선택권은 없었을 것이다. 우리의 아버지는 그분의 자녀들이 자신을 사랑하기로 결단하기를 원하시는 것이다.

지혜로운 의지의 결단을 한 자들에게는, 하나님께서 풍성하고 값진 약속들을 베풀어 주신다. 이 약속의 말씀 중에는, 하나님의 지혜와 인도를 구하는 부모를 위한 말씀도 있다. 그들은 보다 더 영향력 있는 엄마, 아빠가 되기 위해서 하나님의 지혜를 필요로 한다. 하나님은 자유 의지가 있는 자녀들에 대한 부모 역할이 어떤 것인지 알고 계시기 때문에, 당신이 극복해야 하는 딜레마와 좌절감을 분명히 알고 계신다. 그분은 이 변화하는 시대에 부모가 된다는 것이 얼마나 어려운 일인지 알고 계시며 당신을 돕고 싶어 하신다. 사실, 그분은 이미 당신에게 개인적인 편지를 쓰셨다. 바로, 성경이다. 그 편지 안에는 당신이 자녀를 양육하며 겪게 되는 여러 문제들에 대해 믿음으로 직면할 수 있는, 여러 실용적인 조언들과 지침들이 풍성하게 담겨져 있다.

바로 이 책 『자녀를 성공시키는 부모의 기도』는 성경에 그 기초를 두고 있다. 하늘에 계신 우리 아버지는 그분의 자녀들이 말씀 속에서 하나님을 확고히 붙들 때 기뻐하신다. 하나님은 그분의 자녀들이 진리의 빛에 흠뻑 젖기를 간절히 바라신다. 그리고 하나님이 부모인 우리와 우리 자녀들의 삶 속에 꼭 필요한 변화를 가져다 주시는 분이라고 확신하며 또한 그분의 약속 위에 바로 설 수 있도록 우리를 초청하신다. 하나님은 전심으로 우리를 위해 헌신하시는 분이시다. "나의 하나님이 그리스도 예수 안에서 영광 가운데 그 풍성한대로 너희 모든 쓸 것을 채우시리라"(빌 4:19).

그러면 이 모든 약속들을 어떻게 받을 수 있을까? 믿음과 기도밖에 없다. 하나님은 부모들이 자신의 자녀들을 위해 기도하기를 바라신다. 이 중보의 기도는 영원한 응답을 안겨 준다. 우리가 하나님의 뜻에 따라 기도하면, 하나님께서 우리의 기도를 들으시고, 그 모든 기도에 항상 응답하실 것이라는 확신을 얻을 수 있게 된다. "그를 향하여 우리의 가진 바 담대한 것이 이것이니 그의 뜻대로 무엇을 구하면 들으심이라. 우리가 무엇이든지 구하는 바를 들으시는 줄을 안즉 우리가 그에게 구한 그것을 얻은 줄을 또한 아느니라"(요일 5:14~15).

효과적인 기도를 하기 위해서는 성경 말씀에 따라 기노해야 한다. 보다 구체적으로 얘기하자면, 우리가 기도할 때 하나님의 약속에 근거해야 한다는 것을 명심해야 한다. 하나님의 모든 충고와 그분의 영원하신 뜻은 성경에 모두 나타나 있다. 만약 우리가 하나님의 말씀에 따라 기도하면, 즉 성경 말씀을 놓고 기도하게 되면, 우리 자신과 우리 자녀들을 위해 하나님 아버지의 뜻에 따라 기도하고 있다는 것을 확신할 수 있게 된다.

우리 아이들을 위해 간구해야 할 모든 기도들은, 성경에 계시되어 있는 하나님의 약속들을 기반으로 하고 있다.

예수께서는 몸소 이러한 기도의 모범을 권고하고 계신다. 주께서는, "너희가 내 안에 거하고, 내 말이 너희 안에 거하면, 무엇이든지 원하는 대로 구하라. 그리하면 이루리라"(요 15:7)고 하셨다. 분명한 것은, 당신이 하나님 말씀의 진리에 따라 자녀들을 위해 기도하며, 주님 안에 거하고 그 분의 말씀이 당신 안에 거한다면, 당신은 분명히 아이들의 삶 속에 영원한 결실들이 무르익는 것을 보게 될 것이다.

하나님의 약속 – 당신의 응답

우리는 하나님의 약속에 의한 기도를 통해, 자녀들에게 영향력을 발할 수 있게 될 것이다. 이와 동시에, 우리가 하나님의 약속에 따라 살고 기도하는 법을 배우게 될 때, 몇 가지 놀라운 축복들이 우리에게 임하게 될 것이다.

하나, 하나님의 뜻을 분별할 수 있게 될 것이다.

"하나님의 말씀은 살았고, 운동력이 있어, 좌우에 날선 어떤 검보다도 예리하여, 혼과 영과 및 관절과 골수를 찔러 쪼개기까지 하며, 또 마음의 생각과 뜻을 감찰하나니"(히 4:12).

둘, 지혜와 지식이 자라날 것이다.

"내 아들아 내 지혜에 주의하며 내 명철에 네 귀를 기울여서, 근신을 지키며 네 입술로 지식을 지키도록 하라"(잠 5:1-2).

셋, 믿음이 빠르게 성장할 것이다.

"그러므로 믿음은 들음에서 나며 들음은 그리스도의 말씀으로 말미암았느니라"(롬 10:17).

넷, 자녀들에 대한 사랑이 더욱 깊어지게 될 것이다.

"하나님이 우리를 사랑하시는 사랑을 우리가 알고 믿었노니, 하나님은 사랑이시라. 사랑 안에 거하는 자는 하나님 안에 거하고 하나님도 그 안에 거하시느니라"(요일 4:16).

다섯, 행하는 모든 일에 열매를 맺게 될 것이다.

"저는 시냇가에 심은 나무가 시절을 좇아 과실을 맺으며 그 잎사귀가 마르지 아니함 같으니 그 행사가 다 형통하리로다"(시 1:3).

여섯, 자녀들과의 관계 속에서 성령의 열매를 많이 맺게 될 것이다.

"오직 성령의 열매는 사랑과 희락과 화평과 오래 참음과 자비와 양선과 충성과 온유와 절제니, 이 같은 것을 금지할 법이 없느니라"
(갈 5:22-23).

이 모든 축복들뿐 아니라, 이외에도 더 많은 축복들을 받게
된다. 하나님의 자녀로서 누릴 수 있는 모든 축복들이 우리의
손 안에 있는 것이다. 또한, 우리는 이 축복들을 우리의 자녀
들에게 물려줄 수 있다. 이것은 금이나 은보다 더 귀한 유산
임에 틀림없다. 하나님 아버지께서 말씀과 기도로 당신의 생
각과 태도를 새롭게 하시고 도와주실 때, 우리의 자녀는 부모
가 보여 주는 본보기를 통해서, 또한 기도의 응답을 통해서
풍성한 은혜를 누리게 될 것이다.

영원히 빛나는 찬란함

영원이라는 찬란한 빛에 비추어 볼 때, 진정 가치 있는 것
은 무엇일까? 어떤 사람이 남들이 보기에 아주 사소해 보이
는 일로 걱정에 휩싸여 있다면, 그것을 바라보는 사람의 입장
에서는 다음과 같이 말하고 싶을 것이다. "영원이라는 긴 세
월의 관점에서 볼 때, 그것은 정말 아무 것도 아니야." 결론적
으로 말해서, 모든 염려를 몇 광년의 거리에서부터 비추기 시
작해 순식간에 사라지는 빛에 비유한다면, 진정으로 심각한
걱정거리는 거의 없다는 말이다.
그럼에도 불구하고 자녀를 양육하면서 겪게 되는 문제와

염려는 영원의 관점에서 바라볼 때도 매우 중요한 문제다. 모든 사람들에게 있어서, 자녀 양육이 인생에서 가장 중요한 책임이란 사실은 불변의 진리이다. 우리가 우리 자녀들과 함께하고, 그들을 위해서 하는 모든 것은 그들의 운명뿐만 아니라 다음 세대의 삶과 미래에까지 영향을 끼치게 될 것이다. 그러므로 자녀를 양육하는 것보다 더 중요한 것은 없다.

이런 사실을 고려해 볼 때, 오늘날 부모가 가진 가장 중요한 무기는 아마도 기도일 것이다. 기도를 통해서 부모들은 하나님 아버지의 무릎 위에서 안식하게 된다. 그 무릎 위에서 우리는 하나님이 우리 삶의 짐을 대신 져 주시고, 모든 근심들을 덜어 주시며, 사랑으로 우리 마음을 감싸 주신다는 것을 느낄 수 있다. 바로 이 책이 그 안식처를 발견할 수 있도록 도와줄 것이다. 주님께서는 진정으로 우리의 안식처가 되기를 간절히 바라신다.

> "수고하고 무거운 짐 진 자들아, 다 내게로 오라. 내가 너희를 쉬게 하리라. 나는 마음이 온유하고 겸손하니 나의 멍에를 메고 내게 배우라. 그러면 너희 마음이 쉼을 얻으리니, 이는 내 멍에는 쉽고 내 짐은 가벼움이라 하시니라"(마 11:28-30).

부모가 된다는 것은 아주 흥미로운 책임이다. 인생에 있어서 부모의 역할은 영원한 보상의 약속이며, 살아있는 동안 크나큰 즐거움과 행복을 맛보게 한다. 존 바우링John Bowring은 "행복한 가정은 일찍 맛보는 천국과 같다.”고 했다.

하나님은 당신의 모든 걸음마다 함께 하신다. 하나님의 임재를 연습하라. 또한 그분의 손을 굳게 붙잡으라. 그분께 마음을 털어놓고, 그분이 말씀하시도록 하라. 그분이 우리 자녀의 삶 속에 풍성한 선물을 가져다주시리라는 것을 믿고 신뢰하라. 사도 바울은 행복하고 충만한 인생을 위해 다음과 같은 결론을 내렸다. “항상 기뻐하라, 쉬지 말고 기도하라, 범사에 감사하라, 이는 그리스도 예수 안에서 너희를 향하신 하나님의 뜻이니라”(살전 5:16~18). 이 말씀은 오늘날의 부모와 자녀들에게도 그대로 적용되는 말씀이다. 당신의 인생과 기도를 “보배롭고 지극히 큰 약속”(벧후 1:4) 위에 세우도록 하라.

최선의 간구

“하나님의 약속은 얼마든지 그리스도 안에서 예가 되니, 그런즉 그로 말미암아 우리가 아멘 하여 하나님께 영광을 돌리게 되느니라”(고후 1:20).

우리의 가정을 향하신 하나님의 구체적인 약속은 무엇일까? 무엇보다도 하나님께서는 당신의 가족이 모두 구원받기 원하신다. 하나님의 사랑은 헤아릴 수 없을 만큼 광대하다. 실제로, 그 사랑이 얼마나 큰지 하나님은 우리 죄를 위해 자신의 독생자를 보내 주셨다(고후 5:21). 우리가 너무도 잘 알고 있는 성경 구절, "하나님이 세상을 이처럼 사랑하사 독생자를 주셨으니, 이는 저를 믿는 자마다 멸망치 않고 영생을 얻게 하려 하심이니라"(요 3:16)에 그 사실이 잘 나타나 있다. 하나님은 그 아들 예수 그리스도를 통해서 우리에게 놀라운 사랑과 은혜를 보이셨다. 우리가 유능한 부모가 될 수 있도록 도와주시는 것 역시 하나님의 그러한 사랑의 표현이다.

아직 당신이 예수 그리스도를 당신의 주인이요, 구세주로 영접하지 않았다면, 이 기회를 통해 그분을 당신의 마음과 삶 속에 영접하기 바란다. 믿음을 통해 그리스도를 모심으로써, 당신은 자녀들을 위한 새로운 삶의 문을 열게 될 것이다.

"영접하는 자, 곧 그 이름을 믿는 자들에게는 하나님의 자녀가 되는 권세를 주셨으니"(요 1:12).

지금 하나님께 당신의 죄를 고백함으로써 기도를 시작하라. 하나님께서 당신을 용서해 주시고 모든 불의에서 깨끗하게 해 주실 것을 간구하라. 진심으로 하나님이 그리스도를 죽은 자 가운데서 살리셨다는 것을 믿고, 그분이 진정한 주시요 구원자이시며 현세와 내세의 유일한 소망이라고 고백하라. 하나님께 예수 그리스도의 피로 정결하게 씻어 주실 것을 구하고, 당신의 모든 죄를 통회하고 자복하라. 그러면 당신은 완전히 새로운 사람이 될 것이다.

하나님 가족의 일원이 된 것을 진심으로 축하한다. 당신은 이제 하나님의 놀라운 사랑을 입은 자다. 구원에 대한 확신을 가지고 그리스도를 신뢰함으로써, 이제 당신의 앞에는 너무도 신나는 모험이 전개될 것이다. 이 길은 기도로 시작하고, 기도로 포장되어 있으며, 기도로 끝나게 된다. 하나님의 약속은 이 길을 따라 서 있는 이정표이다.

모든 크리스천 부모는 자신의 가족을 위해 이 약속의 말씀에 근거해 간구할 수 있다.

하나님은 그분의 자녀들이 거듭나는 것을 보고 싶어 하신다. 이 책에는 자녀들의 구원에 관한 하나님의 약속의 기도가 들어 있다. — 기도 예시문 중 '자녀의 구원을 바라는 기도' — 지속적으로 기도하면서 하나님이 반드시 역사하시리라고 믿으라. 당신의 자녀들도 반드시 구원을 받게 될 것이다.

양육을 위한 훈육

"마땅히 행할 길을 아이에게 가르치라. 그리하면 늙어도 그것을 떠나지 아니하리라"(잠 22:6).

'훈육'discipline이라는 단어는 너무 자주 징계의 의미로 쓰인다. 하지만, 이 단어의 진정한 의미는 통제나 징계의 의미보다는 훈련과 단련이라는 의미를 지닌다. 우리가 자녀들을 사랑으로 양육하고, 순전한 훈육과 기도를 통해 올바른 길로 잘 가르친다면, 자녀들이 그 길을 떠나지 않고 뿌리를 잘 내릴 것이다. 하나님은 바로 이것을 약속하신 것이다.

부모에게 있어서, 기도는 실패를 무색하게 하는 무기다. 그것은 활력 넘치는 에너지의 원천이다. 윌리엄 제임스William James는, "기도로 모아진 에너지는 기도에 의해서 발산되고 기도에 의해 움직인다."고 했는데, 참으로 심금을 울리는 말이다. 우리는 기도를 통해서 신실하고 자상한 부모로 거듭날 수 있다.

하나님의 약속의 말씀은 분명하다.

"피곤한 자에게는 능력을 주시며, 무능한 자에게는 힘을 더하시나니, 소년이라도 피곤하며 곤비하며 장정이라도 넘어지며 자빠지되, 오직 여호와를 앙망하는 자는 새 힘을 얻으리니, 독수리의 날개치며 올라감 같을 것이요, 달음박질하여도 곤비치 아니하겠고 걸어가도 피곤치 아니하리로다"(사 40:29-31).

좋은 훈육의 비결은 일관성과 안정감이다. 크리스천 부모로서 규칙적이고 지속적인 기도 생활의 본을 보일 때, 자녀들에게 안정감을 주게 된다. 또한 자녀들은 순종해야 할 어떤 한계선과 기대치를 확실하게 배우게 된다.

하나님의 약속의 말씀에 근거한 기도 속에 이루어지는 훈육은 아이의 삶 속에서 순종을 이끌어 낸다. 이것은 부모가 우선적으로 추구해야 할 목표이다. 아이가 부모에게 순종하는 법을 배우게 된다면, 그는 하나님께도 역시 잘 순종하게 될 것이다. 순종하는 자녀에게 약속하신 하나님의 말씀을 항상 기억하자.

"자녀들아, 너희의 부모를 주 안에서 순종하라. 이것이 옳으니라. 네 아버지와 어머니를 공경하라. 이것이 약속 있는 첫 계명이니, 이는 네가 잘되고 땅에서 장수하리라"(엡 6:1-3).

사도 바울은 위의 말씀에 이어 자녀들이 이 목표를 달성하기 위해서 부모가 어떻게 도울 수 있는지에 대해서도 설명하고 있다.

"또 아비들아, 너희 자녀를 노엽게 하지 말고 오직 주의 교양과 훈계로 양육하라"(엡 6:4).

분노는 분노를 불러일으킬 뿐이다. 이런 까닭에, 훈육은 어떤 경우에도 분노하는 가운데 행해져서는 안 된다. 우리가 단지 징벌에만 집중하게 되다면, 태도에서 이미 분노가 드러나게 되어 있다. 하지만, 우리 아이들에게 무엇이 최선인가에 먼저 집중한다면, 그 태도에서 사랑이 표출되게 될 것이다. 부모들이 감정적으로 대하기보다 아이를 위해 기도함으로써 보다 효과적으로 훈육할 수 있다. 우리가 하나님의 말씀을 놓고 기도하고 그분이 하신 약속을 구할 때, 지혜롭게 대처할 수 있도록 도와주실 것이다.

부드러운 마음을 가진 부모

에베소에 있는 초대 교회에 쓴 편지에서, 사도 바울은 믿음의 가정들이 함께 살아가는 법을 배울 수 있도록 경건한 원칙들과 진리에 대해 설명하고 있다.

이와 같은 원리와 약속의 말씀들은 우리가 사는 오늘날의 가정들에게도 적용이 된다.

> "너희는 모든 악독과 노함과 분냄과 떠드는 것과 훼방하는 것을 모든 악의와 함께 버리고 서로 인자하게 하며 불쌍히 여기며 서로 용서하기를 하나님이 그리스도 안에서 너희를 용서하심과 같이 하라"
> (엡 4:31~32).

부드러운 마음은 기도와 하나님의 말씀에 의한 것이다. 부드러운 마음은 다른 사람들이 느끼고 경험한 것을 그대로 공감하는 능력이다. 부모들 스스로가 어렸을 때 자신의 모습을 돌이켜 생각해 보면, 자녀들의 마음을 공감하고 이해할 수 있게 될 것이다.

소렌 키에르케고르Soren Kierkegaard는 "기도는 하나님을 변화시키는 것이 아니라, 바로 기도하는 그 자신을 변화시킨다."라고 기록하고 있다. 부모는 때때로 아이들의 행동에 실망할 수 있다. 이런 실망감은 개인적인 상처로 바뀌기도 하는데, 특히 아이들의 행동에 의해 부모의 자존심과 평판, 기대치가 무너졌을 때 그렇게 되기 쉽다. 또한, 그 마음의 상처로 때때로 분노하게 되기도 하고, 분노가 다시 우울증으로 드러나기도 한다. 이럴 때 기도와 하나님의 말씀 그리고 성령의 인도와 능력은 부모로 하여금 부드러운 마음을 갖게 하여, 자녀들에게 용서하는 태도로 반응하도록 그 상황을 변화시킨다.

"너희는 이 세대를 본받지 말고, 오직 마음을 새롭게 함으로 변화를 받아, 하나님의 선하시고 기뻐하시고 온전하신 뜻이 무엇인지 분별하도록 하라"(롬 12:2).

이런 변화는 매 순간마다 경험되는 것이다. 하나님의 약속과 공급하심을 받을 때만이 아이들이 우리를 실망시킨다 하더라도 그것을 부모 개인의 감정으로 반응하지 않게 된다. 은혜로 말미암아 부모 자신들 역시 용서받은 자라는 것을 기억하게 된다. 그리고 그러한 겸손한 마음은 우리 자녀들에게 더 친절하고, 따뜻하고, 부드러운 마음을 갖도록 이끌어 준다.

자녀는 부모의 상급

"자식은 여호와의 주신 기업이요, 태의 열매는 그의 상급이로다. 젊은 자의 자식은 장사의 수중의 화살 같으니 이것이 그 전통에 가득한 자는 복되도다. 저희가 성문에서 그 원수와 말할 때에 수치를 당치 아니하리로다"(시 127:3-5).

자녀를 상급으로 받은 부모들은 그 자녀를 통해 행복을 얻을 권리를 얻기 위해 하나님께 기도할 수 있다. 하나님께서는 그 부모의 믿음에 대한 보상으로 자녀를 선물하셨기 때문이다. 자녀를 짐스럽게 생각하는 부모들도 일부 있지만, 크리스천 부모들은 그들의 자녀가 하나님이 주신 선물이라는 것을 알고 있다.

우리가 사물을 보는 관점에 따라 인생의 많은 것들이 달라진다. 그렇다면, 자녀를 바라보는 관점은 어떤가? 그 관점은 부모 자신의 언행과 태도를 통해서 자녀들에게 전해지는 것이다.

분노는 환경이나 타인을 향해 드러내는 적의나 화다. 만약 그 분노하는 마음이 더 곪아터지면, 쓰라린 비통힘으로 지리

잡게 된다. 이런 일이 가족들 사이에서 나타나게 되면, 많은 관계들에 상처를 받게 된다.

재정적인 문제, 결혼 생활의 불협화음, 실패와 상처 등 많은 문제들이 우리의 인생에 씁쓸한 고통을 가져다준다. 그러나 히브리서 저자는 어떠한 환경에서도 적절히 역사하시는 하나님의 은혜를 부지런히 살피고, 관찰해야 한다고 말한다.

하나님께서는 그분의 약속을 통해 모든 부모들에게 어떤 고난 가운데서도 그분의 은혜로 능치 못하는 것이 없다는 것을 깨우쳐 주신다. 환경이 우리의 주인이 될 수 없고, 감정도 역시 마찬가지다. 우리가 어떤 어려움에 처한다 할지라도 하나님은 끊임없이 우리 마음속에 말씀하신다.

로 모든 일에 항상 모든 것이 넉넉하여 모든 착한 일을 넘치게 하게
하려 하심이라"(고후 9:8).

말씀의 능력

성경은 우리의 반석이신 예수를 붙들 수 있게 해 주고, 인
생의 거센 폭풍우 속에서도 우리를 지켜 주는 닻과 의지할 힘
이 된다. 또한, 자녀 양육과 우리의 일생을 인도하는 나침반
이자, 청사진의 역할을 해 준다.

크리스천 부모로서 우리는 아이들을 가르치고, 하나님 말씀
의 진리와 능력을 몸소 실천할 책임이 있다. 만약 언행의 일치
가 되지 않는다면 영향력 없는 부모가 될 것이다.

아이들이 우리에게 순종하기를 바란다면, 우리도 순종해야
한다. 아이들이 기도하기를 바란다면, 우리가 기도하는 본을
보여야 한다. 아이들이 사랑스럽고 친절하게 되기를 바란다
면, 우리도 그런 태도를 나타내야만 한다. 이때, 모든 행동의
척도는 바로 하나님의 말씀이다. 하나님의 말씀은 또한 우리
가 행하는 모든 일에 있어서 그리스도를 더욱 닮아갈 수 있도
록 도와주는 힘의 원천이다.

"오늘날 내가 네게 명하는 이 말씀을 너는 마음에 새기고, 네 자녀
에게 부지런히 가르치며 집에 앉았을 때에든지 길에 행할 때에든지
누웠을 때에든지 일어날 때에든지 이 말씀을 강론할 것이며, 너는

또 그것을 네 손목에 매어 기호를 삼으며, 네 미간에 붙여 표를 삼
고, 또 네 집 문설주와 바깥문에 기록할지니라"(신 6:6-9).

예전에 어느 주일 학교의 성가대가, "성경에 있는 모든 약
속은 내 것이네."라고 선포하는 찬송을 부른 적이 있다. 우리
는 이것을 기억해야 한다. 즉, 부모로서의 우리 인생과 건강
과 행복, 자녀의 성공을 위해 우리는 하나님의 모든 약속의
말씀을 선포하고 그것을 자신의 말씀으로 받아야 한다.

하나님은, "나는 여호와요. 모든 육체의 하나님이라. 내게
능치 못한 일이 있겠느냐"(렘 32:27)고 말씀하셨다. 이 수사의
물음은 대답을 요구하고 있지도 않고, 또 대답할 필요도 없다.
왜냐하면, 우리는 "하나님으로서는 다 할 수 있다"(마 19:26)는
것을 이미 알고 있기 때문이다.

입을 넓게 열고 손을 뻗어, 우리 자녀들을 향해 하나님이
계획하고 계신 모든 것을 취하라. 성경은 하나님의 말씀을 믿
을 수 있도록 우리의 믿음을 세워 줄 것이다. 그분은 실수하
지 않으신다. 당신은 분명 말씀의 반석 위에 굳건한 삶의 집
을 지을 수 있을 것이다. 그럴 때, 인생의 여러 가지 복잡한
문제들보다는 하나님이 주신 약속의 말씀에 더 주의를 기울
일 수 있게 된다. 그리고 자녀를 양육함에 있어서도 문제 중
심에서 약속 중심의 사람으로 변화하게 된다. 문제들이 다가
올 때, 두려움과 낙심과 분노로 반응하기보다는 좀 더 적극적
이고 긍정적인 태도로 임할 수 있게 될 것이다.

이 책 『자녀를 성공시키는 부모의 기도』는 이런 방식의 접
근법을 사용하고 있다. 당신이 이 책에서 소개하고 있는 기도
문구들 – 다음 장부터 계속 소개되고 있는 기도 패턴 – 에 따라
기도하고 묵상하면, 당신의 인생과 더불어 자녀들의 인생에
많은 변화가 일어나는 것을 체험하게 될 것이다. 분명한 것
은, 당신이 하나님의 약속들을 굳게 붙잡을 때, 놀라운 기도
의 역사와 신나는 모험의 세계가 펼쳐질 것이다.

"그가 아비의 마음을 자녀에게로 돌이키게 하고, 자녀들의 마음을
그들의 아비에게로 돌이키게 하리라. 돌이키지 아니하면, 두렵건대
내가 와서 저주로 그 땅을 칠까 하노라 하시니라"(말 4:6).

"손자는 노인의 면류관이요, 아비는 자식의 영화니라"(잠 17:6).

"네 자식을 징계하라. 그리하면 그가 너를 평안하게 하겠고, 또 네
마음에 기쁨을 주리라"(잠 29:17).

"의인의 아비는 크게 즐거울 것이요. 지혜로운 자식을 낳은 자는 그
를 인하여 즐거울 것이니라"(잠 23:24).

"네 모든 자녀는 여호와의 교훈을 받을 것이니, 네 자녀는 크게 평
강할 것이며"(사 54:13).

"우리 가운데서 역사하시는 능력대로 우리의 온갖 구하는 것이나 생각하는 것에 더 넘치도록 능히 하실 이에게, 교회 안에서와 그리스도 예수 안에서 영광이 대대로 영원 무궁하기를 원하노라. 아멘"(엡 3:20-21).

부모들이 추구해야 할 성경적 목표

Biblical Goals For Parents

부모의 최고의 자원

오늘날과 같은 사회에서 부모가 된다는 것은 두려울 정도로 무거운 책임이 뒤따르는 일이다. 이는 삶에서 우리가 맡게 되는 다른 역할들보다도 더 많은 기술과 인내심을 요하는 것이기 때문이다. 자녀를 양육하는 것은 시작과 끝이 있는 것이 아니다. 그것은 영원히 부여받은 사명인 것이다.

그 책임이 어려운 것은 사실이지만, 막대한 보상도 뒤따른다. 자녀를 양육한다는 것은 귀중한 생명의 성품을 훈련하는 아주 창의적인 노력이다. 이 과정은 곧 아이들의 행복에 지대한 관심을 가지는 "하나님의 동역자"(고전 3:9)로서의 역할이라 할 수 있다.

우리는 하나님의 도움 없이는 부모라는 정체성을 바로 깨달을 수 없다. 부모로서 우리는 사도 바울과 같이 고백해야 한다. "내게 능력 주시는 자 안에서 내가 모든 것을 할 수 있느니라"(빌 4:13).

예수님께서는, "나는 포도나무요, 너희는 가지니, 저가 내 안에, 내가 저 안에 있으면 이 사람은 과실을 많이 맺나니, 나를 떠나서는 너희가 아무 것도 할 수 없음이라"(요 15:5)고 말씀하셨다. 모든 부모들은 이 놀라운 진리의 말씀을 항상 기억하고, 매일 좇아 행해야 할 것이다.

하나님은 항상 우리에게 선을 베푸신다. 그분은 우리를 사랑하시는 하늘 아버지로서 우리의 모든 필요를 채우신다. 실제로 하나님은 이에 대해 분명한 약속의 말씀을 주셨다. "나의 하나님이 그리스도 예수 안에서 영광 가운데 그 풍성한 대로 너희 모든 쓸 것을 채우시리라"(빌 4:19).

신성하게 부름받은 부모로서의 역할에 약속의 모든 말씀을 적용하게 될 때, 믿음이 바로 서게 되고 우리의 자녀들도 복을 얻게 될 것이다. 예수께서는 우리를 위해 친히 모든 길을 예비해 두셨다. 예수께서는, "내가 아버지께 구하겠으니, 그가 또 다른 보혜사를 너희에게 주사, 영원토록 너희와 함께 있게 하시리니, 저는 진리의 영이라. 세상은 능히 저를 받지 못하나니, 이는 저를 보지도 못하고, 알지도 못함이라. 그러나 너희는 저를 아나니, 저는 너희와 함께 거하심이요. 또, 너희 속에 계시겠음이라"(요 14:16~7)고 말씀하셨다.

주님의 진리의 말씀을 이해하고 받아들이는 부모들은 누구나 자녀를 효과적으로 양육할 수 있다. 즉, 비결은 우리가 마음의 문을 열고, 성령의 능력과 지혜와 진리를 받아들이는 것이다. 우리는 혼자가 아니다. 성령이 우리와 함께 하시고, 우리 안에 거하시기 때문이다.

우리들의 마음속에 거하시는 성령의 막강한 힘! 이것이야말로 부모들이 가지고 있는 가장 뛰어난 자원이라 할 수 있다. 성령께서 임재하시면 이런 열매를 맺게 된다. "사랑과 희락과 화평과 오래 참음과 자비와 양선과 충성과 온유와 절제니, 이 같은 것을 금지할 법이 없느니라"(갈 5:22~23).

자녀들을 양육하는 데 있어서 이와 같은 열매를 맺을 수 있는 부모라면 아주 유능한 부모라 할 수 있다. 그리고 그런 부모를 둔 자녀들은 부모를 본받아 스스로 성령의 열매를 맺기 위해 힘쓰게 된다. "하나님의 선하심을 맛보아 알기 위해서"(시 34:8) 스스로 노력하게 되는 것이다.

또, 개인적인 기도 시간과 매일 묵상 시간을 갖게 되면, 생명의 포도나무 되신 예수님께 더 가까이 다가갈 수 있게 된다. 포도원에서 일하는 농부는 열매를 더 맺게 하기 위해서 본 가지의 주변에 있는 곁가지들을 가지치기해 준다. 우리가 말씀과 기도, 성령 충만함으로 주께 더 가까이 다가가면 갈수록, 자녀 양육에 있어 우리 삶의 모든 책임들과 인간관계에 보다 더 풍성한 열매를 맺을 수 있게 될 것이다.

우리는 기도를 통해서 하나님 안에 거하고 하나님의 말씀이 우리 안에 거하는 법을 배우게 된다. "너희가 내 안에 거하고, 내 말이 너희 안에 거하면, 무엇이든지 원하는 대로 구하

라. 그리하면 이루리라"(요 15:7)는 말씀처럼, 기도의 응답을 받으려면 우선 이처럼 주님의 임재하심을 체험해야 한다. 우리가 우리 주 예수 그리스도 안에 거하는 법을 배우게 될 때에, 우리 자녀들을 위한 이 약속의 말씀이 살아 역사하게 된다.

하나님의 말씀에 의해 기도함으로써, 즉, 이 책 『자녀를 성공시키는 부모의 기도』에서 제안하고 있는 기도 방법을 적극 활용한다면, 우리는 시편 1장에서 말씀하고 있는 복 있는 사람이 될 수 있다.

> "복 있는 사람은 악인의 꾀를 좇지 아니하며, 죄인의 길에 서지 아니하며, 오만한 자의 자리에 앉지 아니하고, 오직 여호와의 율법을 즐거워하여 그 율법을 주야로 묵상하는 자로다. 저는 시냇가에 심은 나무가 시절을 좇아 과실을 맺으며, 그 잎사귀가 마르지 아니함 같으니, 그 행사가 다 형통하리로다"(시 1:1-3).

하나님의 말씀을 놓고 기도하다 보면, 진리의 말씀과 하나님의 법칙, 그리고 그분의 권고를 자주 묵상하게 된다. 또한, 삶의 지혜와 자녀 양육에 필요한 지혜도 얻을 수 있게 된다. 하나님께서는 우리가 이런 방식으로 기도할 때, 우리에게 평안을 주시겠다고 약속하셨다. 분명, 우리는 '시냇가에 심은 나무' 처럼 될 것이다. 시냇가에 심긴 나무는 홍수가 나고, 태풍이나 거센 비바람이 몰려와도 흔들리지 않는 건강하고 튼

튼한 나무다. 그들은 견고히 서서 그들의 주변 환경 속에 영속성과 불변성을 전하게 된다. 즉, 그런 안정감을 지닌 부모들은 자신의 아이들에게 평안함과 안정감을 가져다주게 된다.

밤낮으로 하나님의 말씀을 묵상하는 사람은 그 모든 노력에 따른 결실을 맺게 된다. 여기서의 결실은, 앞에서 언급한 바 있는 모든 성령의 놀라운 열매를 포함해서 건강한 자녀를 양육하는 데 필요한 성품의 열매를 삶의 모든 영역에서 맺게 되는 결실을 가리킨다. 하나님의 성령은 우리가 성령의 검(엡 6:17)인 하나님의 말씀을 묵상할 때 임재하시며, 또한 역동적으로 일하신다.

하나님의 말씀을 묵상하고, 말씀을 토대로 기도하며 갖게 되는 또 다른 유익은 - 시편 1편에서처럼 -, 바로 번영이다. 무슨 일을 하든지 형통하게 될 것이다. 여기서 말하는 형통은, 재정적인 번영 그 이상의 영역으로써, 영적인 부분과 인간관계의 형통을 포함한다. 이것은 사도 바울이 에베소서를 통해 보여 주는 것처럼 강력한 기도를 통해 나타나는 번영을 의미한다.

"우리 가운데서 역사하시는 능력대로, 우리의 온갖 구하는 것이나 생각하는 것에 더 넘치도록 능히 하실 이에게 교회 안에서와 그리스도 예수 안에서 영광이 대대로 영원무궁하기를 원하노라. 아멘"(엡 3:20~21).

우리 안에서 역사하시는 힘

"오직 성령의 충만을 받으라"(엡 5:18). 사도 바울은 에베소의 젊은이들에게 이렇게 권고하고 있다. 사도 바울은 성공적인 신앙생활의 비결을 그들에게 알려 주고자 했던 것이다. 이것은 에베소서 5장에 이어지는 다음 구절에서도 언급하고 있듯이, 비단 신앙생활의 성공뿐 아니라, 성공적인 가정생활을 위한 비결이기도 하다. 이는 "우리 가운데서 역사하시는 능력"(엡 3:20)이며, 또한 우리로 하여금 좋은 부모가 될 수 있게 하는 힘이기도 하다.

예수께서는, "하늘과 땅의 모든 권세를 내게 주셨다"(마 28:18)고 말씀하셨다. 전지전능하신 하나님은 우리를 성령의 전으로 삼으시려고 우리를 창조하셨다. "너희 몸은 너희가 하나님께로부터 받은 바, 너희 가운데 계신 성령의 전인 줄을 알지 못하느냐. 너희는 너희의 것이 아니라. 값으로 산 것이 되었으니, 그런즉 너희 몸으로 하나님께 영광을 돌리라"(고전 6:19~20).

하나님께서는 자녀들을 위해 세우신 성경적 목표를 성취할 수 있도록 부모에게 능력을 부여하셨다. 또한, 그 능력은 자녀들도 역시 그 목표를 이룰 수 있도록 해 준다. 바로 이 역동적인 힘의 원천은 오직 기도를 통해서만 이루어지는 것이다.

기도의 능력

요한 웨슬레John Wesley와 찰스 웨슬레Charles Wesley의 어머니 수잔나Susanna는 열아홉 명의 아이들을 낳았다. 그들 중 여덟 명은 어렸을 때 세상을 떠났다. 그녀는 적어도 일주일에 한 시간은 자녀들과 개별적인 시간을 보내면서, 그들의 이야기를 들어 주고, 그들을 위해 기도했으며, 하나님의 말씀을 가르쳐 주는 경건한 습관을 갖고 있었다. 그것의 결과는 바로 온 영국 제도의 부흥이다. 웨슬레Wesleys 일가와 조나단 에드워드Jonathan Edwards를 비롯한 많은 위인들의 일생에 부모의 기도가 얼마나 큰 영향을 미쳤는지, 이 책의 다음 장, '믿음의 부모들이 물려주는 살아 있는 유산' The Living Legacy of Godly Parents을 반드시 읽어 보기 바란다.

기도의 힘은 영원한 것이다. 기도는 세대와 세대를 잇는 신성한 에너지로써, 그것이 전해질 때 하나님의 은혜와 덕이 함께 전수되는 것이다.

하나님의 언약의 말씀에 근거한 믿음의 기도는 크리스천 부모들로 하여금 자녀들에게 긍정적인 변화를 주는 성령의 힘이 된다. 그 힘은 놀랍게도, 극적이고도 지속적인 변화들을 보게 한다. 앤드류 머레이Andrew Murray가 지적한 대로, "응답을 구하고 바라고 찾는 중보 기도의 시간에, 하나님 말씀에 대한 믿음이 자라나고 온전케 된다. 성경을 통틀어서 예수님과 신앙의 선조들과 교회 역사를 볼 때, 하나님은 무잇보다도 기도를 들으시는 분이라는 것이 잘 나타나 있다. 하나님의 자녀들이 하나님을 좀 더 알 수 있도록 도와주고, 모든 주의 종들이 확신을 가지고 일할 수 있도록 격려해 주자. 우리에게 가장 중요하고 축복된 사명은 바로 우리가 타인에게 전해 줄 것들을 우리 하늘 아버지께 구하여 받는 것이다."– 앤드류 머레이의 『중보의 사역』The Ministry of Intercession 중에서.

자녀들을 위해 중보 기도를 하고, 하나님의 말씀을 실천하는 모든 부모들 앞에는 놀라운 모험이 기다리고 있다. 우리 아버지께 구하기만 하면 반드시 받게 될 것이다. 그리고 그 과정 속에서 부모와 자녀들은 함께 변화하게 될 것이다.

훌륭한 자녀 양육 비결 10가지

하나, 하나님은 우리의 모든 가족이 구원받기 원하신다. 자녀들의 구원을 위해 기도하라. 하나님께서도 그들이 예수 그리스도를 자신의 구주요, 구원자로 영접하기를 바라신다. 우리가 먼저 가정에서 크리스천으로서 위대한 인생이 무엇인지를 자녀들에게 몸소 보여 줄 때, 하나님께서는 자녀들을 구원해 주시며, 우리의 기도에 응답하실 것이다.

"가로되, 주 예수를 믿으라. 그리하면 너와 네 집이 구원을 얻으리라 하고"(행 16:31).

둘, 하나님은 우리가 자녀들 앞에서 크리스천으로서 헌신적인 삶의 모범을 보이기 원하신다. 기독교 신앙은 공부로 배우는 것이 아니라, '깨닫는' 것이다. 아이들에게 거룩한 삶의 모본을 보일 때, 자녀들이 예수 그리스도의 복음의 실질적인 진리를 알게 된다. 이것은 우리 아이들을 위해 효과적인 중보기도를 하는 데 있어서 아주 중요한 요소다. 우리는 그들 앞에서 기도하는 대로 살아야 하는 것이다.

"만일 여호와를 섬기는 것이 너희에게 좋지 않게 보이거든, 너희 열조가 강 저편에서 섬기던 신이든지 혹 너희의 거하는 땅 아모리 사람의 신이든지 너희 섬길 자를 오늘날 택하라:오직 나와 내 집은 여호와를 섬기겠노라"(수 24:15).

셋, 모든 가족 관계에서 용서는 신뢰를 이끌어 낸다. 용서, 수용, 조건 없는 사랑은 모두 밀접한 관계가 있는 단어들이다. 이들은 좋은 인간관계를 형성하기 위해서 필수적인 요소들이다. 서로 배려해 주는 부모와 자녀의 관계를 형성하려면, 용서가 반드시 수반되어야 한다. 때론 부모로서 아이들에게 좋지 않은 영향을 끼칠 만한 실수를 했을 때, 아이들의 용서를 구하게 되면, 우리도 그들과 똑같은 성정을 가진 인간이라는 것을 알게 될 것이다. 또한, 우리가 아이들을 존중하고 있다는 것을 알게 하고, 그들이 정서적으로 건강한 인격이 될 수 있도록 하는 것이다.

"너희는 모든 악독과 노함과 분냄과 떠드는 것과 훼방하는 것을 모든 악의와 함께 버리고, 서로 인자하게 하며 불쌍히 여기며 서로 용서하기를 하나님이 그리스도 안에서 너희를 용서하심과 같이 하라"(엡 4:31-32).

넷, 아이들에게 기독교적 훈육을 하라. 우리는 본보기와 훈계, 또 기도와 조언을 통해 아이들을 잘 훈육해야 한다. 훈육에서 핵심이 되는 것은 신뢰, 온정, 진심어린 마음, 공감하고 배려하는 마음, 사랑하는 마음이다. 부모들이, "내가 너희와 같은 나이였을 때는 말이지……."와 같은 식으로 단언하듯이 말하지 말고, 아이들의 행동이나 마음을 이해하기 위해 자신들의 어린 시절을 돌이켜 생각해 보는 것이 중요하다. 이러한 배려와 지지는 하나님의 말씀이 우리 자녀들의 마음속에 성공적으로 스며들게 한다.

"마땅히 행할 길을 아이에게 가르치라. 그리하면 늙어도 그것을 떠나지 아니하리라"(잠 22:6).

다섯, 서로를 존경하라. 경건한 부모라면, 아이들의 존경심을 얻기 위해서, 자신도 아이들을 존경하고 있다는 것을 반드시 표현해야 한다. 우리가 그들을 예우해 줄 때, 그들도 우리를 존경하게 될 것이다. 텔레비전 광고로 잘 알려진 광고 슬로건 중에, 요즘의 부모들에게 아주 지혜로운 충고를 전해 주는 것이 하나 있는데, 바로 '회사를 경영하듯 가정을 대하고, 가정을 대하듯 회사를 경영하라.'는 것이다. 우리 모두는 너무나 자주 회사를 회사처럼 다루고, 가정을 가정처럼 대하는 경향이 있다.

"네 부모를 공경하라. 그리하면 너의 하나님 나 여호와가 네게 준 땅에서 네 생명이 길리라"(출 20:12).

"또 아비들아, 너희 자녀를 노엽게 하지 말고, 오직 주의 교양과 훈계로 양육하라"(엡 6:4).

여섯, 믿음의 리더십은 신실한 크리스천을 배출한다. 훌륭한 리더는 사람들을 적극적으로 지원해 주고 사람들에게 좋은 본보기가 될 뿐만 아니라 이치에 맞게 사람들을 설득한다. 사람들 개개인이 갖고 있는 모든 장점과 강점을 바탕으로 사람들을 인도한다. 또, 좋은 리더는 친절한 마음과 분별력 있는 리더십으로 사람들을 움직이고, 결코 강압적으로 조정하려고 하지 않는다. 크리스천 부모가 자녀들에게 강요하기보다는 친절함으로 이끌 때, 가장 큰 효과를 보게 될 것이다.

"이스라엘의 하나님이 말씀하시며 이스라엘의 바위가 내게 이르시기를 사람을 공의로 다스리는 자, 하나님을 경외함으로 다스리는 자여, 지는 돋는 해 아침 빛 같고 구름 없는 아침 같고 비 후의 광선으로 땅에서 움이 돋는 새 풀 같으니라 하시도다. 내 집이 하나님 앞에 이 같지 아니하냐, 하나님이 나로 더불어 영원한 언약을 세우사 만사에 구비하고 견고케 하셨으니 나의 모든 구원과 나의 모든 소원을 어찌 이루지 아니하시랴"(삼하 23:3-5).

일곱, 자녀들이 소중한 존재라는 것을 일깨워 준다. 자녀들이 우리에게 얼마나 소중한 존재인지 늘 깨닫게 해 주어야 한다. 모든 자녀들에게 최대한 적극적으로 확신을 주어야 한다. 우리는 그 아이들의 약점에 초점을 맞추기보다는 장점과 강점을 칭찬하는 부모가 될 수 있도록 스스로를 훈련시켜야 한다. 자녀 개개인이 모두 소중하며, 가족들 가운데서 꼭 필요한 존재라는 것을 느낄 수 있도록 만들어 주어야 한다.

"자식은 여호와의 주신 기업이요 태의 열매는 그의 상급이로다. 젊은 자의 자식은 장사의 수중의 화살 같으니, 이것이 그 전통에 가득한 자는 복되도다 저희가 성문에서 그 원수와 말할 때에 수치를 당치 아니하리로다"(시 127:3-5).

여덟, 아이들과 좋은 관계를 맺으라. 기독교가 단순히 종교가 아닌 하나님과 사람들 간의 관계인 것처럼, 크리스천 가족은 단순히 집을 구성하는 물질적인 의미에서가 아닌 관계에 의해 형성되는 '가정'이다. 관계는 좋은 대화를 통해서 발전하게 된다. 기도를 통해서 하나님과 대화하는 것도 아주 중요한 관계의 발전에 속한다. 대화 기술에는 단지 상대가 하는 말뿐만이 아니라 그의 마음에까지 귀를 기울이는 적극적 방법과 친근하게 접촉하고 눈을 마주치는 방법 – "너를 주목하여 훈계하리로다"(시 32:8) – 그리고 다른 사람들의 필요에 주의를 기울이는 방법이 있다.

> "그가 아비의 마음을 자녀에게로 돌이키게 하고, 자녀들의 마음을 그들의 아비에게로 돌이키게 하리라. 돌이키지 아니하면 두렵건대 내가 와서 저주로 그 땅을 칠까 하노라 하시니라"(말 4:6).

아홉, 크리스천으로서의 가치관을 가르치라. 훌륭한 교사는 자신의 당면과제에 무척 열중한다. 그들은 다정한 배려를 아끼지 않으며 아이들을 사랑한다. 또, 배우고 가르치는 것을 좋아한다. 그러므로 우리도 아이들에게 좋은 교사가 되려면, 그들과 함께 배우면서 크리스천의 삶이 결코 지루하지 않고 흥미롭다는 것을 보여 주고, 아이들이 하나님의 법칙과 교훈, 약속의 말씀 안에 거할 수 있도록 이끌어 주어야 한다.

> "오늘날 내가 네게 명하는 이 말씀을 너는 마음에 새기고, 네 자녀에게 부지런히 가르치며, 집에 앉았을 때에든지 길에 행할 때에든지 누웠을 때에든지 일어날 때에든지 이 말씀을 강론할 것이며, 너는 또 그것을 네 손목에 매어 기호를 삼으며 네 미간에 붙여 표를 삼고, 또 네 집 문설주와 바깥 문에 기록할찌니라"(신 6:6-9).

열, 아이들을 훈육하라. 훈육Discipline은 징벌punishment, 교정correction, 응징chastisement 그 이상의 깊은 의미를 품고 있는 말이다. 보다 더 중요한 의미는 잘 훈련시키고, 성격과 인품을 형성하는 데 도움을 주고, 크리스천으로서 헌신하는 삶을 살 수 있도록 준비 시키는 것이라 할 수 있다. 이것이 크리스천 부모들이 목표로 삼아야 하는 것이다. 아이들이 우리 주 예수 그리스도의 제자가 될 수 있도록 잘 이끌어 주는 것이야말로 무엇보다 중요한 훈육의 목적이다.

"네 자식을 징계하라, 그리하면 그가 너를 평안하게 하겠고, 또 네 마음에 기쁨을 주리라"(잠 29:17).

좋은 훈육을 계속 했을 때, 아이들은 부모가 기대하는 바를 깨달아 안정감을 갖게 될 것이다.

약속의 강력한 힘

훌륭한 자녀 양육에 관한 이 열 가지 비결을 잘 활용하게 되면, 크리스천 부모들은 자신들의 기도가 하나님 아버지께 상달되고, 반드시 응답을 받게 되리라는 확신을 갖게 될 것이다. 우리 하나님의 약속의 말씀은 사라지지 않는다.

"여호와를 경외하며 그 도에 행하는 자마다 복이 있도다. 네가 네 손이 수고한 대로 먹을 것이라. 네가 복되고 형통하리로다. 네 집 내실에 있는 네 아내는 결실한 포도나무 같으며, 네 상에 둘린 자식은 어린 감람나무 같으리로다. 여호와를 경외하는 자는 이같이 복을 얻으리로다"(시 128:1-4).

"의인의 아비는 크게 즐거울 것이요, 지혜로운 자식을 낳은 자는 그를 인하여 즐거울 것이니라"(잠 23:24).

"네 모든 자녀는 여호와의 교훈을 받을 것이니, 네 자녀는 크게 평강할 것이며"(사 54:13).

믿음의 부모들의 생명력 있는 유산
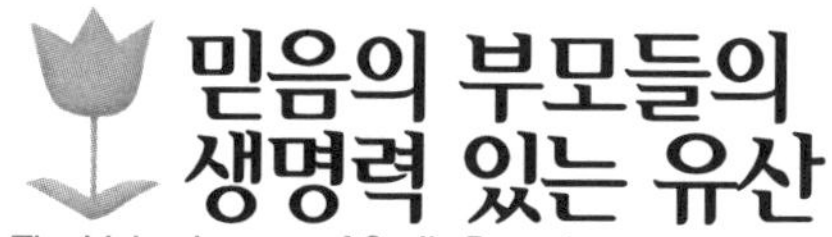
The Living Legacy of Godly Parents

자녀를 위해 기도하는 것은 부모들의 주요 임무이다. 좀 더 심오하게 말하자면, 영원한 분깃으로 받은 우리의 사명인 것이다. 기도는 아이들이 그들의 삶 속에서 풍성한 혜택을 받을 수 있도록 투자하는 것과 같다. 우리 아이들의 자녀들과 그들의 미래, 그리고 미래의 모든 세대를 위한 투자이다. 우리의 믿음의 기도가 미치는 파장은 수없이 많은 세대를 통해 이어지게 된다.

예를 들어서, 사울과 다윗을 이스라엘의 왕으로 기름 부은 구약 시대의 선지자(B.C 11세기), 사무엘의 인생에 일어난 사건에 대해 생각해 보자. 그는 '기도를 통해 얻은 아이'로 알려져 있다. 왜냐면 그의 어머니 한나가 기도해서 낳은 아들이기 때문이다.

"이 아이를 위하여 내가 기도하였더니, 여호와께서 나의 구하여 기

도한 바를 허락하신지라. 그러므로 나도 그를 여호와께 드리되 그
의 평생을 여호와께 드리나이다 하고 그 아이는 거기서 여호와께 경
배하니라"(삼상 1:27-28).

이엠 바운즈E.M. Bounds는 한나의 기도의 위력에 대하여 이
렇게 기록하고 있다. "사무엘은 기도의 직접적인 응답으로 인
해 이 세상에 존재하게 되었다. 사무엘은 아들을 얻고자 열정
적인 소망으로 가득 차 있었던 어머니의 기도로 태어난 사람
이다. 그는 그런 기도의 환경 속에서 태어났고, 태어난 후 처
음 몇 달 동안 기도하는 어머니와 함께 보냈다. 한나의 기도는
거룩한 서원으로 드려진 기도였다. 사무엘은 그 서원에 따라
마땅히 여호와께 드려져야 했다. 기도하는 어머니 한나는 그
아들을 하나님의 제사장에게 곧바로 데려갔고, 사무엘은 '기
도하는 집'house of prayer에서 자라게 되었다. 그가 기도의 사
람이 된 것은 놀랄 만한 일이 아니다. 그의 탄생과 유년시절을
생각할 때 지극히 당연한 것이다. 이런 환경들은 항상 아이들
에게 깊은 인상을 남기게 되어, 그들의 성격에 영향을 끼치고
운명을 결정지을 가능성이 크다."

사무엘은 한나의 기도에 초자연적인 동시에 자연적으로 영
향을 받았다. 아들을 위해 하나님께 드린 그녀의 기도는 상달
되었고, 사랑의 하나님에 의해 다양하고 놀라운 방법으로 응
답되었다. 그리고 한나의 기도하는 모습은 거룩한 본보기가
되어, 사무엘은 그의 삶 속에서 기도가 얼마나 중요한지에 대

해 한나를 통해 배우게 되었다.

신약과 구약에서 기도의 본을 보여 준 믿음의 선배들은 그 자녀들을 위한 기도에 우선순위를 두었다. 믿음으로 충만한 그들의 기도는 훌륭한 결과를 낳았다. 그리고 그들의 기도가 하나님께 드려진 이후로도 수 세기를 거쳐 계속해서 심지어 지금에 이르기까지 사람들의 일생에 영향을 미치고 있다.

자녀들을 위해 기도하는 부모들은 자녀를 양육하는 데 있어서 기도가 가장 큰 자산이라는 것을 곧 깨닫게 될 것이다. 자녀들이 아프거나 두려움에 사로잡혔을 때, 기도는 그들의 영혼과 육체에 길르앗의 향유Balm of Gilead를 부어 치유한다. 부모가 자녀들 뒤에서 기도로 후원할 때, 하나님의 말씀과 그 부모의 믿음이 하나가 됨으로써, 하나님께서 그들이 부모로서 무엇을 하기 원하시고 어떻게 하기를 원하시는지 발견하게 된다. 하나님이 부모들에게 기대하시는 것은, 오로지 그분의 말씀을 믿고 그분의 가르침에 순종하여, 흥미진진하고 경탄할 만한 기도 생활에 그들의 시간을 투자하는 것이다.

사도 바울은 그의 믿음의 아들인 디모데에게 쓴 서신에서, 디모데의 어머니인 유니게와 할머니 로이스의 신실하고 거짓 없는 믿음에 대해 이야기하고 있다. 사무엘처럼 디모데에게도 하나님의 약속의 말씀을 믿고 그 자녀를 위해 기도했던 믿음의 어머니가 뒤에 있었나. 그런 영직인 지원을 받으며 성장한 자녀들은 주님께 크게 쓰임받는 그릇이 되는 것이다.

"이는 네 속에 거짓이 없는 믿음을 생각함이라. 이 믿음은 먼저 네 외조모 로이스와 네 어머니 유니게 속에 있더니 네 속에도 있는 줄을 확신하노라"(딤후 1:5).

기도의 중요성과 신실한 부모와 조부모들이 몸소 실천하는 기도의 본보기는 결코 과소평가되거나 무시되어서는 안 될 것이다. 성경과 교회의 역사를 보면, 헌신적인 크리스천 부모들이 자신의 사랑하는 자녀들을 위해 규칙적으로 기도함으로써, 자녀들이 하나님의 영적 군대에서 쓰임 받을 수 있도록 잘 훈련된 군사들로 성장하게 되는 예를 많이 볼 수 있다. 그런 부모들의 기도는 세대를 거쳐서 역동적으로 전해진다. 기도의 사람들은 마치 아브라함과 같다고 할 수 있다. 기록된 바, "저가 죽었으나, 그 믿음으로써 오히려 말하느니라"(히 11:4)함과 같다. 기도의 능력은 언제까지나 살아 있을 것이다.

젊은이들이 올림픽이나 그 외 다른 경쟁에서 두각을 나타낼 때, 그 자녀들의 성공을 뒷받침하기 위해 자신의 많은 것을 투자하고 희생하기까지 한 부모들을 알아 주는 사람은 거의 없다. 영적인 세계에서도 마찬가지다. 그러나, 부모들은 자녀들을 양육하고 훈련시키는 데 있어서 하나님의 동역자로서 놀라운 책임을 맡게 되는 것이다. 기도를 많이 하는 경건한 부모들은 하나님의 보좌 앞에서 믿음의 상을 받을 만한 가치가 충분히 있다. 다음에 이어지는 내용을 보면, 부모들의 기도가 어떻게 영원한 축복으로 이어지는지 알게 될 것이다.

조나단 에드워드와 사라 에드워드

에드워드Edwards 부부는 열한 명의 자녀를 두었다. 날이 새기 전 매일 아침마다, 조나단Jonathan은 새벽 기도를 하기 위해 촛불을 들고 아이들을 깨우곤 했다. 그는 아이들에게 성경을 한 장씩 읽어 주고, 각각의 아이들과 가족을 위해 하나님께 축복을 비는 기도를 드렸다.

이 기도 생활은 지속적으로 그 효과를 발휘했다. 20세기의 전환기에, 조나단 에드워드Jonathan Edwards와 사라 에드워드Sarah Edwards(18세기)의 거룩한 기도는 차세대에 13명의 대학 학장을 배출하였고, 65명의 교수들, 100명의 변호사 – 법과대학원의 학장을 포함하여 –, 30명의 판사, 56명의 내과 의사, 1명의 의학 대학 학장, 80명의 공직자, 3명의 미 상원의원, 3명의 미 대도시 시장, 3명의 주지사, 1명의 미 부통령, 1명의 미 재무부 감사관을 배출했다. 또한, 100명의 해외 선교사들이 이 가문에서 나왔고, 에드워드가의 후손들은 총 135권에 이르는 책과 논문을 썼다.

이들 중에서 에드워드의 손자인 디모데 드와이트Timothy Dwight는 1802년에 예일 대학의 학장이 되었다. 그가 대학 예배당에서 설교했을 때, 놀라운 부흥이 일어났고, 대략 학생들의 삼분의 일 가량이 그리스도께로 돌아왔다. 그 학생들 중, 리만 비처Lyman Beecher와 나다니엘 테일러Nathaniel Taylor는 1820년대에 미국에서 일어난 제 2차 내 부흥기의 지도자들로

활약했다.

의심할 여지없이 조나단 에드워드는 기도의 위력을 알고 있었던 사람이다. 기도로 철저히 준비함으로써, 조나단 에드워드는 미국의 대 각성 운동The Great Awakening을 일으켰다. 이 운동은 예수 그리스도의 복음이 모든 공동체 사회에 영향을 미치도록 만들 만큼 거대한 부흥운동이었다. 새삼스레 언급하자면, 조나단 역시 자신을 위해 많은 시간을 기도했던 회중 교회 목사의 아들이었다.

조나단의 행보를 이어받은 인물이 조지 휫필드George Whitefield이다(1714-1770). 그는 대 각성 운동을 크게 강화시켰던 인물이다. 기도는 우리 자녀들을 위한 힘이요, 미래를 준비하는 강력한 도구이며, 부흥을 일으키는 열쇠이다.

요셉과 마리아

기도의 모범이 되었던 예수님의 육신의 부모를 제외시킬 수는 없을 것이다. 이들은 기도의 위력을 알고 있었던 신실한 부모로서 완벽한 본보기이다. 천사가 마리아에게 하나님의 아들을 잉태할 자로 선택받았다고 말했을 때, 그녀는 하늘에 계신 하나님께 기도로 화답한다.

"마리아가 가로되, 내 영혼이 주를 찬양하며 내 마음이 하나님 내 구주를 기뻐하였음은 그 계집종의 비천함을 돌아보셨음이라. 보라 이제 후로는 만세에 나를 복이 있다 일컬으리로다. 능하신 이가 큰 일을 내게 행하셨으니, 그 이름이 거룩하시며, 긍휼하심이 두려워하는 자에게 대대로 이르는도다. 그의 팔로 힘을 보이사 마음의 생각이 교만한 자들을 흩으셨고, 권세 있는 자를 그 위에서 내리치셨으며 비천한 자를 높이셨고, 주리는 자를 좋은 것으로 배불리셨으며 부자를 공수로 보내셨도다. 그 종 이스라엘을 도우사 긍휼히 여기시고 기억하시되, 우리 조상에게 말씀하신 것과 같이 아브라함과 및 그 자손에게 영원히 하시리로다 하니라"(눅 1:46-55).

마리아는 하나님을 알았다. 그분을 사랑했다. 그리고 그분을 영원히 섬기리라고 마음속으로 결심했다. 마리아는 남편 요셉과 함께 많은 시간을 기도와 경배로 하나님께 드렸다. 그들의 귀한 아들 예수는 나이 열두 살 때 이미 하나님 아버지의 일에 대해 관여하기를 원했다. 하지만, 예수는 육신의 부모인 마리아와 요셉을 따라 나사렛으로 다시 돌아가 그들에게 순종했다. 겸손한 집안 분위기 속에서 예수는 하나님의 일들에 대해 배우셨다.

"예수는 그 지혜와 그 키가 자라가며, 하나님과 사람에게 더 사랑스러워 가시더라"(눅 2:52).

수잔나 웨슬레

　요한John과 찰스 웨슬레Charles Wesley의 어머니 수잔나 Susanna는 열아홉이나 되는 자녀들을 낳았다. 그들 중 여덟 명은 어렸을 때 세상을 떠났다. 그녀는 적어도 일주일에 한 시간씩 모든 자녀들과 개별적인 시간을 보내면서, 이야기를 들어 주고, 그들 개개인을 위해 기도해 주고, 하나님의 말씀을 가르쳐 주는 경건한 습관을 갖고 있었다. 수잔나의 기도는, 누가복음에 나오는 여인의 기도처럼 하나님을 향한 사랑과 말씀에 대한 신뢰를 바탕으로 하고 있다.

　그녀는 자녀들을 위해 하나님의 약속을 근거로 부르짖었고, 하나님은 그녀의 열정적인 기도를 들으셨다. 그리고 하나님은 놀랍고도 예기치 못한 방법으로 일을 진행시키시고 응답하셨다.

　요한 웨슬레는 감리교의 창시자이자 영국의 복음 전도자로서 가장 유명한 지도자가 되었다. 이 모든 것은 그의 부모가 그의 구원을 위해 부르짖은 기도의 결과이다. 그의 구원은 그의 부모 사무엘Samuel과 수잔나의 마음에 크나큰 기쁨을 안겨 주었음에 틀림없다. 요한 웨슬레가 1738년 5월 24일의 일기에 자신이 체험한 바를 기록하고 있다.

　대략 9시 15분 전에, 그가 그리스도를 믿음으로써, 하나님이 마음속에 역사하시는 변화에 대해 공포하였을 때, 나는 이상하게 내 마음이 뜨거워지는 것을 느낄 수 있었다. 나는 내가 그리스도를 믿고 있다는 것을 느꼈다. 그리스도 오직 한 분, 그분을 통해서만 구원이 이루어진다는 사실이 깨달아지고, 그 분이 내 죄를 다 도말하셨다는 확신이 들었다. 그리고 죄와 사망의 법에서 나를 구원하셨다는 확신이 생겼다.

요한 웨슬레가 철저하게 개종한 사건은 엘더스게이트 Aldersgate 체험으로 알려져 있는데, 그가 런던의 앨더스게이트 거리의 한 성공회 집회에 참석했다가, 거기서 하나님이 그에게 나타나셨고 그의 마음이 이상하게 뜨거워졌다. 조지 휫필드George Whitefield와 함께, 요한 웨슬레와 찰스 웨슬레 형제는 영국 전역을 순회하는 전도자이자, 미국의 선교사로서 활동하며 하나님을 섬겼다. 요한 웨슬레는 "온 세계가 바로 나의 교구이다."라고 했는데, 그의 말대로 되었다. 요한 웨슬레는 수많은 독일 찬송가들을 영어로 번역했고, 찰스 웨슬레는 많은 성가곡을 작곡했는데, 그 곡들은 오늘날까지 전 세계에서 불려지고 있을 정도로 훌륭한 작품들이다. 찰스 웨슬레가 작곡한 곡들 중 가장 유명한 곡은 '비바람이 칠 때와'(찬송가 441장), '하나님의 크신 사랑'(찬송가 55장), '만입이 내게 있으면'(찬송가 23장), '예수 부활했으니'(찬송가 154장) 등이다.

사무엘과 수잔나 웨슬레에게 감사하지 않을 수 없다. 그들의 신실한 기도와 경건한 양육으로 말미암아 위대한 크리스천 지도자들을 얻었으니 말이다.

제임스와 메리 리델

올림픽 챔피언이자 중국 선교사인 에릭 리델Eric Liddell의 부모들은 엄격한 복음주의자들이었다. 그들은 디엘 무디D.L. Moody와 이래 생키Ira Sankey의 복음 성가들을 무척 좋아해서, 이 찬송들을 네 명의 자녀들에게 늘 들려주었다. 그들은 중국 선교사로 활동하면서 기도의 위력에 대해 깨닫게 되었다. 매일 그들은 자기 자녀들을 축복하고 인도해 주시라고 하나님께 간구했다.

제임스James와 메리Mary가 스코틀랜드 장로교 선교사로 중국에 갈 때, 그들은 스코틀랜드에 두 자녀, 에릭Eric과 랍Rob을 남겨두고 떠났다. 남은 두 소년은 선교사들의 자녀를 돌보는 크리스천 학교에 들어갔다. 메리는 시간을 내어 멀리 떨어져 있는 두 아들에게 정기적으로 격려의 편지를 띄웠다. 그 편지들에는 그녀가 마음속으로 늘 두 아이들을 생각하고 있으며, 그들을 위해 늘 기도하고 있다는 것이 여실히 드러나 있었다. 그들에게 신실한 본보기가 되었던 그녀의 사랑과 기도를 하나님께서 받으시고 응답하셨다.

러셀 램세이Russell Ramsey는 이렇게 기록하고 있다. "에릭 리델은 참 너그러운 하나님의 용사였다. 그는 올림픽 아마추어 선수로서도 아주 완벽한 본보기라 할 수 있다. 그는 진지하고 능력 있는 신학자였으며, 활기차고 헌신적인 크리스천의 삶을 몸소 실천했던 사람이었다. 에릭 리델은 크리스천들이 믿음과 끝없는 사랑의 실천을 통해서 무한한 기쁨을 누릴 수 있다고 확신했다. 그리고 그는 우리 모두에게 친절하고 따뜻한 용사들이 되라고 말해 주었다. 그러면 하나님이 기뻐하시는 경주를 하는 자로서 마지막 결승 테이프를 끊는 놀라운 기쁨을 체험할 수 있을 것이라고 했다."

램세이는 여전히 에릭이 살아 있는 듯이 그에 대해 기록하고 있다. 그것은 당연하다. 왜냐하면, 에릭의 간증은 책과 같은 여러 출판물들 속에 여전히 살아 있고, 또 그의 일생을 영화화 한 작품, '불의 전차' Chariots of Fire – 아카데미 4개상 수상작 – 를 통해서 그의 삶이 사람들의 기억 속에 살아 숨쉬고 있기 때문이다.

마찬가지로, 제임스와 메리 리델의 전설도 여전히 기억 속에 남아 있다. 하나님은 그들의 믿음과 헌신에 대해 아주 놀라운 방법으로 보답하셨다. 2차 세계 대전 전에 중국의 선교사로 활동하면서, 자신들의 아이가 단 하루를 하나님께 헌신함으로써 – 에릭이 올림픽 경기가 주일에 열리게 되자 주일 성수를 위해 그날 경기를 포기한 일 – 끊임없이 전 세계를 누비는 하나님의 증인이 되리라고 어떻게 상상이나 했겠는가? 하지만, 그들은 하나님의 말씀이 진실하다는 것을 알고 있었다.

"우리 가운데서 역사하시는 능력대로, 우리의 온갖 구하는 것이나 생각하는 것에 더 넘치도록 능히 하실 이에게, 교회 안에서와 그리스도 예수 안에서 영광이 대대로 영원 무궁하기를 원하노라. 아멘" (엡 3:20-21).

조지와 헬렌 맥도날드

조지 맥도날드George MacDonald 주니어의 경건한 어머니였던 헬렌Helen은 그가 여덟 살 때 결핵을 앓아 하늘나라로 갔지만, 아버지 조지는 아들 앞에서 하나님의 사랑에 대해 끊임없이 본을 보였던 인물이다. 아버지 맥도날드는, 훗날 작가이자 목사가 된 자신의 아들에 의해, 하나님의 사랑에 대한 심오한 통찰력을 가지고 있으며, 매우 용감하고 인내심이 강하며 관대한 아버지였다고 묘사되고 있다. 그의 이런 경건한 성품들은 분명 아들에게 깊은 영향을 주었고, 그 아들은 육신의 아버지의 이런 성품들을 하늘 아버지의 성품들과 연관지어 생각하게 되었다.

조지 맥도날드 주니어의 아버지는 스코틀랜드 회중 교회의 집사였다. 매주 월요일 아침마다 아버지 맥도날드는 기도도 하고 우정도 쌓을 겸 교회의 목사를 찾아가곤 했다. 그들은 맥도날드가의 소년들을 위해 함께 기도하곤 했다.

조지 맥도날드 주니어에 대하여, 씨에스 루이스C.S. Lewis는, "나는 그를 나의 스승으로 생각했다."고 기록하고 있다. 그는 또 맥도날드 주니어와 아버지의 관계에 대해 이렇게 묘사했다. "아버지와 완벽한 관계를 유지하는 것이야말로 그가 가진 모든 지혜의 근원이었다. 그가 말하기를, 그는 자기 아버지로부터 아버지의 역할이야말로 우주의 핵심이라는 사실을 깨달았다고 했다. 그는 이와 같이 아주 비범한 방법으로 하나님 아버지와 아들 예수 그리스도의 관계가 모든 관계의 중심에 존재하는 종교인 기독교를 전파하는 사람으로 준비되었던 것이다.”

조지 맥도날드는 사랑하는 아버지와 좋은 관계를 유지함으로써, 설교자이자 시인, 학자, 소설가, 교사인 동시에 기독교 변증자가 되었다. 그의 다양한 업적은 오늘날의 젊은이들과 어른들 사이에서 계속해서 그 영향을 끼치고 있다. 많은 크리스천 부모들이 아이들에게 기독교 진리를 유쾌한 우화 형식으로 가르쳐 주는 맥도날드의 판타지 소설, 『북풍의 뒤에서』At the Back of the North Wind를 읽어 주었다. 헬렌과 조지가 그 아들을 위해서 기도하지 않고 아들 앞에서 크리스천으로서 삶의 본보기를 보여 주지 않았더라면, 세상은 그의 많은 책들을 읽지 못했을 것이고, 20세기 최고의 천재 작가 씨에스 루이스의 책들도 읽지 못했을 것이다. 축복은 계속되고 있다. 씨에스 루이스의 기독교 변증에 관한 최고의 저서 중 하나인 『순전한 기독교』Mere Christianity는 지금까지도 베스트셀러 차트에 올라 있는 작품이다. 이 작품은 수없이 많은 독자들을 예수 그리스도의 구원에 대한 지식에 도달할 수 있도록 도와주고 있다.

존 스펄전

찰스 스펄전Charles Haddon Spurgeon의 아버지 존John과 할아

버지 제임스James는 빅토리아 여왕 시절의 비국교도 목사들이었다. 찰스의 어머니는 17명의 아이를 낳았는데, 그들 중 9명은 어린 시절에 세상을 떠났다. 젊은 스펄전은 그가 아주 어렸을 때의 기억을 떠올릴 때, 설교를 듣고 찬송가를 배우고, 천로역정The Pilgrim's Progress과 팍스의 순교자 노트Foxe's Book of Martyers에 나와 있는 그림들을 들여다보던 것을 기억해 내곤 했다. 그의 아버지와 조부모님들, 그리고 그의 고모는 그에게 자신들처럼 매일 기도하고 성경을 읽어야 한다고 가르쳤다. 그런 경건한 분위기 속에서, 스펄전은 기도가 얼마나 가치 있는 일인지, 또한 그를 사랑하는 사람들의 기도가 얼마나 놀랍게 응답받는지에 대해 배우게 된다.

19세기 전반에 걸쳐서, 스펄전은 '설교의 일인자' 로 손꼽혔다. 그리고 그는 침례교와 복음주의에 지대한 영향을 끼쳤다. 그는 설교 이외에도 많은 일을 했는데, 동시대 인물인 조지 뮬러George Muller처럼 고아들이 지속적으로 머물 수 있는 집들을 세우기도 했다.

찰스 스펄전, 그는 그의 아버지와 어머니, 조부모님들, 그외 헌신적인 크리스천이었던 친척들의 믿음과 기도로 이루어진 인물이라고 할 수 있다.

숨어 있는 기도의 용사들

세계 도처에 있는 수많은 크리스천 부모들이 그들의 자녀들을 위해 헌신적으로 기도하고 있다. 그들은 자녀들을 위해 손을 들고, 약속의 말씀에 따라 주님께 나아가고 있다. 그들은 하나님을 믿고 있으며, 믿음으로 의롭다 함을 받는다. 물론 그들의 자녀들이 모두 무디나 스펄전, 웨슬레나 에드워드 같이 유명한 설교자로 성장하는 것은 아니다. 또한, 모두가 조지 맥도날드나 씨에스 루이스 같은 유명 작가가 되는 것도 아니다. 그러나 한 가지 분명한 것은, 기도하는 부모의 후원을 받는 아이들은 하나님을 알고, 그분을 섬기는 법을 배우게 된다. 어떤 이들은 목사가 되기도 하고, 어떤 이들은 성가대원들이 되기도 한다. 또는 주일학교 교사, 기독교 사역자가 될 수도 있을 것이다. 그저 주어진 환경에서 조용하게 주를 섬기는 자도 있을 것이다. 그렇지만, 이들 대부분은 성장하여 기도하는 부모가 될 것이고, 그들의 부모가 뿌린 기도의 씨앗은 모든 가계의 혈통을 따라 흐르는 하나님의 강력한 힘의 원줄기로 뻗어가게 될 것이다.

하나님의 선물인 우리 아이들을 하나님께 헌신의 모습을 드릴 때, 놀라운 일이 일어나기 시작한다. 그것은 아이들이 우리 눈 앞에서 변화하고, 아이들을 향한 우리의 태도 역시 변화하게 된다는 것이다. 하나님은 우리 생활 속에서 살아 역사하고 계신다.

모세와 아론이 하나님께 매일 아침 희생 제단 위에서 번제를 드렸던 것처럼, 우리도 우리 아이들의 삶을 그분 앞에 올려 드려야 한나. 우리는 하나님이 항상 그분의 소유된 백성을 돌보아 주신다는 것을 기억해야 한다. 우리의 아이들은 하나님이 우리에게 의롭게 잘 훈육하라고 잠시 맡기신 것이다. 그러므로 아이들을 위한 기도는 구약의 제단 위에 드렸던 번제물과 같은 것이다.

"불은 끊이지 않고, 단 위에 피워 꺼지지 않게 할찌니라"(레 6:13).

우리가 자녀들을 위해 기도할 때, 그들의 인생에서 하나님의 빛과 불꽃은 꺼지지 않을 것이다. 그리고 그 빛과 불꽃은 그 아이들을 진리로 이끌어 줄 것이다. 그런 확고한 믿음은 결국 보상을 받게 될 것이다.

스미스 위글즈워스Smith Wigglesworth가 깨달은 바와 같이, "믿음은 결코 하나님이 자신의 말씀을 어기지 않으리라고 무작정 믿고 기뻐하는 무모함 같은 것이다. 믿음은 흥분이나 소요가 아니다. 그저 하나님이 말씀하신 그대로 행하시는 분이라는 것을 차분히 믿는 것이다. 그리고 우리는 그분의 말씀에 따라 행동하면 된다."

다양한 기도의 패턴

자녀들을 위한 기도

주 안에 거하게 하소서 | 성공 | 죄에 빠진 자녀 | 천사의 보호 | 자녀가 화났을 때 | 마음가짐과 태도 | 성령 충만 | 아기의 탄생 | 크리스천 친구들과의 교제 | 성품과 순전함 | 거룩함 | 훈육 | 하나님의 일에 대한 열정 | 꿋꿋한 정신 | 정죄에서 벗어남 | 두려움에서 벗어남 | 죄책감에서 벗어남 | 이기적인 마음에서 벗어남 | 세속적인 것에서 벗어남 | 근심에서 벗어남 | 경건함과 거룩함 | 슬픔에 빠진 자녀 | 주 안에서 성장하기 | 행복 | 마음의 상처 치유 | 질병의 치유 | 건강한 자아상 | 가족 | 주님이 주시는 기쁨 | 하나님을 아는 것 | 정신적 건강과 정서적 안정 | 자녀를 위한 기도 | 딸아이의 배필을 위한 기도 | 아들의 배필을 위한 기도 | 십대의 자녀들 | 갓난아기를 위한 기도 | 부모가 지녀야 할 지혜 | 부모의 기도 | 건강과 행복 | 기도의 위력 | 미래의 성공 | 시험을 당할 때 보호하심을 바라는 기도 | 악으로부터 보호하심을 바라는 기도 | 행악자들로부터 보호하심을 바라는 기도 | 부정적인 세력으로부터 보호하심을 바라는 기도 | 사탄의 역사로부터 보호하심을 바라는 기도 | 범죄하지 않도록 보호하심을 바라는 기도 | 잘못된 생각에서 벗어나기 위한 기도 | 책임과 의무 | 안전한 피난처와 보호하심 | 자녀의 구원을 바라는 기도 | 온전한 성 | 편부모들의 기도 | 영성 | 영적 성숙 | 힘과 활력 | 학생을 위한 기도 | 성공 | 재능과 기량 | 아기를 바라는 기도 | 문제에 처한 아이들 | 진실함과 정직함 | 태중의 자녀 | 천직 | 자족하는 삶 | 믿음으로 사는 삶 | 성실한 마음으로 사는 삶 | 온유한 마음으로 사는 삶 | 하나님의 충만하심 가운데 사는 삶 | 하나님 말씀 안에서 사는 삶 | 양선으로 가득한 삶 | 기쁨이 넘치는 삶 | 빛이 가득한 삶 | 사랑으로 가득한 삶 | 온유하고 친절한 마음으로 사는 삶 | 자비와 겸손으로 사는 삶 | 순종하는 삶 | 인내하는 삶 | 평강이 넘치는 삶 | 주의 계시가 있는 삶 | 절제하는 삶 | 신뢰하는 삶 | 지혜와 지식이 충만한 삶 | 균형 있는 교육

주 안에 거하게 하소서

그리스도 안에 거하면 기도의 응답을 받게 된다.

"내 안에 거하라. 나도 너희 안에 거하리라. 가지가 포도나무에 붙어 있지 아니하면 절로 과실을 맺을 수 없음 같이 너희도 내 안에 있지 아니하면 그러하리라. 나는 포도나무요 너희는 가지니 저가 내 안에, 내가 저 안에 있으면 이 사람은 과실을 많이 맺나니 나를 떠나서는 너희가 아무 것도 할 수 없음이라"(요 15:4-5).

기도

하늘에 계신 아버지, 제 자녀 __________가 언제까지나 주 안에 거할 수 있도록 인도해 주소서. 또한 그 아이가 주 안에 있다는 것을 밝히 보여 주시고, 아버지의 말씀이 그 안에 거하게 하소서. 그가 원하는 모든 것을 구할 수 있게 하시고, 그를 위하여 응답하여 주옵소서.[1] __________가 주 안에 거하면, 죄[2]로부터 보호함을 받고, 아버지의 나라[3]에서 더욱 많은 열매를 맺을 수 있다는 사실을 깨닫게 해 주소서. 그가 당신 안에 뿌리를 내리고 살아갈 수 있도록 인도해 주소서.

주님, 당신은 포도나무이십니다. 기도하건데, __________의 삶이 항상 포도나무 되신 주님께 붙어 있는 가지가 되게 하소서. 포도나무이신 주님으로부터 뻗어 나온 삶이 되게 하소서.

주님의 참 포도나무에 접붙여 있게 하시고, 그의 인생에서 성장과 결실[4]을 저해하는 모든 가지들을 가지쳐 주시옵소서.

주님! 부디 제 아이가 주를 떠나서는 아무 것도 할 수 없으며, 오로지 주님을 통해서만 모든 것을 할 수 있다는 것[5]을 일찍 깨달을 수 있도록 도와주소서.

기도하오니, 항상 이웃을 사랑하라[6]는 하나님의 명령에 순종하기 위해 애쓰는 자녀가 되게 하시고, 하나님의 사랑[7] 안에 영원히 거하게 하소서.

아버지! __________의 피난처가 되어 주시고, 요새가 되어 주셔서 감사드립니다. 부디 그가 하나님의 그늘 안에 거하고, 당신의 은밀한 곳[8]에 거할 때에 오직 아버지만을 신뢰하게 하소서. __________에게 성령을 보내 주시니, 감사드립니다. 성령께서 영원토록 그와 함께 하여 주소서.[9] 오, 아버지 하나님! 그에게 하나님의 위대한 사랑 안에 거하는 비밀한 일을 알게 하여 주옵소서.[10]

기도하오니, __________가 항상 하나님은 놀라운 선물을 주시는 분이라는 것을 기억하게 하소서. 그리고 사람들보다 먼저 하나님을 섬기는 것이 삶의 우선순위가 되게 하소서.[11] 사랑하는 자녀를 주님께로 불러 주셔서 감사드립니다.

제 자녀에게 성령의 기름 부음에 대한 비밀을 알려 주시고,
동일한 기름 부음으로 그를 채워 주셔서, 당신의 뜻과 길, 당
신의 진리를 깨닫게 하여 주소서. __________의 삶에 주님
이 거하심으로, 주 오시는 날에 부끄럼을 당하지 않도록 인도
해 주소서.[12]

(1) 요 15:7, (2) 요일 3:6, (3) 요 15:5, (4) 요 15:1~2, (5) 빌 4:13, (6) 요 15:12,
(7) 요 15:10, (8) 시 91:1, (9) 요 14:16, (10) 요일 3:24, (11) 고전 7:23, (12) 요일
2:27~28

성공

Achievement

하나님이 생각하시는 성공은 사람들의 생각과 다르다.

"여호와께서 집을 세우지 아니하시면, 세우는 자의 수고가 헛되며, 여호와께서 성을 지키지 아니하시면, 파숫군의 경성함이 허사로다"(시 127:1).

 기도

하나님 아버지! 제 자녀 __________를 도와주셔서, 우리 주 예수 그리스도의 은혜와 지혜 안에서 자라나게 해 주소서.[1] 진정한 성공이란 우리 마음과 영혼과 생명을 하나님께 드리는 것임을 일찍 깨닫도록 도와주소서. 주님이 주시는 지혜와 명철로 건축된 집만이 견고하다는 것을 깨닫게 하여 주소서.[2]

성공적인 삶을 위한 모든 지혜는 살아있는 말씀[3] 자체이신 예수 그리스도이시며,[4] 믿음으로 구하는 자에게 후히 주시는 하나님이심을 깨닫게 하소서.[5]

주님! 제 자녀에게 은혜를 베푸사 아름다운 이름이 보배로운 기름보다 낫다는 것을 알게 하시고,[6] 자기 일을 즐길 수 있는 사람이 복되다는 것을 깨닫게 해 주소서.[7]

하나님의 아들 우리 주 예수 그리스도께서 말씀하시기를, 사람은 그 열매로 안다고 하셨습니다.[8] 주님! 부디 제 자녀의 삶에 풍성한 열매가 맺도록 성장시켜 주시고, 특히 성령의 열매인 사랑, 희락, 화평, 오래 참음, 자비, 양선, 충성, 온유, 절제의 열매를 맺게 하여 주소서.[9]

주님 없이는 아무 것도 할 수 없지만,[10] 주님 안에서는 능치 못할 것이 없음을 깨닫게 하여 주소서.[11] 그리고 모든 일을 주의 영광을 위해[12] 하게 하시고 훗날 "내가 선한 싸움을 싸우고, 나의 달려갈 길을 마치고, 믿음을 지켰다[13]"고 외칠 수 있게 하여 주소서. 주여! 이것이야말로 진정한 성공이고 승리임을 고백합니다.

주님은 토기장이시며, 우리는 진흙입니다.[14] 주님의 손으로, 주의 형상을 닮아갈 때까지 우리를 빚어 주소서.[15] 제 아이가 예수 그리스도 안에서 주님의 솜씨로 지음 받은 작품임을 알게 하시니 감사드립니다.[16] 또한 그의 일생 동안 계속해서 주의 솜씨로 그를 만들어 가실 줄 믿습니다.[17] 아버지, 감사합니다.

주님은 모든 천지 만물을 지으셨습니다.[18] 주님은 우리 믿음의 초석이시며, 완성자이십니다. 이제 간구하오니, 그에게 주께 열심을 낼 수 있는 능력을 주셔서, 인내심을 가지고 우리

의 달려갈 길을 갈 수 있도록 도와주소서.[19]

전능하신 주님! 주님을 찬양합니다. 세상의 어떤 것도 제 아이를 우리 주 예수 그리스도 안에 있는 하나님의 사랑에서 끊을 수 없으리라 믿습니다.[20]

 인용성구

(1) 벧후 3:18, (2) 잠 24:3, (3) 요 1:14, (4) 고전 1:23~30, (5) 약 1:5~6, (6) 전 7:1, (7) 전 3:22, (8) 마 7:20, (9) 갈 5:22~23, (10) 요 15:5, (11) 빌 4:13, (12) 고전 10:31, (13) 딤후 4:7, (14) 사 64:8, (15) 롬 8:29, (16) 엡 2:10, (17) 빌 1:6, (18) 히 3:4, (19) 히 12:2, (20) 롬 8:38~39

죄에 빠진 자녀
The Addicted Child

성경은 모든 이들에게 자유를 선언하는 하나님의 말씀이다.

"그리스도께서 우리로 자유케 하려고 자유를 주셨으니, 그러므로 굳세게
서서 다시는 종의 멍에를 메지 말라"(갈 5:1).

자녀들을 위해 이 약속의 말씀을 선포하라.

 기도

하나님 아버지! 주 예수를 보내셔서 가난한 자에게 복음이 전
파되게 하시고, 심령이 상한 자를 치유하시며, 구속받는 자들
에게 자유를 주시고, 소경의 눈을 밝히시는 말씀을 주시니,[1]
참 감사드립니다. 기도하오니, 부디 _________에 빠진 제 자
녀 _________를 그 수렁에서 건져 주시옵소서.[2] 주여, 그 올
무에서 자유를 얻게 하소서.[3] 주님의 말씀이 저에게 큰 위로가
됩니다. 하나님의 모든 약속은 그리스도 안에서 언제나 '예'가
되오니,[4] 주께서 제 기도를 들으시는 줄 믿습니다.[5] 또한 하나
님의 말씀에 따라 제 기도가 응답될 줄 믿습니다.[6] 제기 주님
안에서 이토록 놀라운 확신을 갖게 하시니 감사합니다.

주님은 눌린 자에게 자유를 주시겠다고 약속하셨습니다.[7]

__________를 자유케 하여 주시옵소서. 그의 상처를 치유해 주시고, 다친 마음을 싸매어 주시옵소서.[8] 주님께서 상한 갈대라도 결코 꺾지 않으시는 분임을 믿습니다.[9] 제 자녀의 일생을 그토록 다정하고 사랑스러운 손길로 돌봐주시니 참 감사드립니다.[10] 그리고 그를 치유해 주시니 감사합니다.[11]

주님! 주님은 저희가 필요로 하는 모든 쓸 것을 채워 주시는 분이라는 것을 __________로 하여금 깨닫게 하여 주소서.[12] 어떤 일이든지 구속받는 것은 주님의 뜻이 아님을 알게 하소서. 그리고 하나님은 전능하시며, 그에게 희망[13]과 기쁨[14], 목적[15], 풍성한 삶[16]을 회복시켜 주시는 유일하신 분이라는 것을 깨닫게 하여 주소서. 아버지, 제 자녀에게 구원을 베풀어 주소서.[17] 그가 하나님이 자기를 얼마나 사랑하고 계시는지 깨닫게 해 주소서.[18] 기도하오니, 하나님의 아들이신 주 예수 그리스도를 아는 구원의 지식에 이르게 하소서.[19] __________가 회개[20]할 수 있도록 은혜를 베푸사 전심으로 마음을 돌이키고,[21] 구세주이신 주님을 인정함으로써,[22] 주 안에서 새로운 피조물로 다시금 새 삶을 시작하게 하옵소서.[23] 그가 온전히 자복하고 주께 돌아갈 때,[24] 모든 죄와 허물을 사하여 주사 깨끗하게 하소서. 자신의 인생에 대한 진리를 기꺼이 받아들이게 하시고, 또 그렇게 함으로써 진리가 자신을 자유케 하리라는 것을 알게 하여 주소서.[25]

주님! 제 자녀를 주님의 장중 안에 두시고,[26] 주님의 눈동자와 같이 지켜 주소서.[27] 그에게 은혜를 베푸사 항상 주 안에서 자유롭게 하시고, 자유 안에 굳건히 서게 하소서. 그리고 다시는 어떤 유혹에도 그 멍에를 메지 않도록 지켜 주소서.[28] 지금 이 시간, 제 기도에 응답하고 계시는 주님을 믿습니다. 주께서 주시는 자유만이 진정한 자유라는 것을 분명히 알기에,[29] 주님을 찬양합니다.

 인용성구

(1) 눅 4:18, (2) 시 59:1, (3) 습 2:7, (4) 고후 1:20, (5) 렘 33:3, (6) 미 7:7, (7)눅 4:18, (8) 사 61:1, (9) 사 42:3, (10) 벧전 5:7, (11)출 15:26, (12) 빌 4:19, (13) 롬 8:24, (14) 느 8:10, (15) 롬 8:28, (16) 요 10:10, (17) 롬 10:9~10, (18) 요 3:16, (19) 마 18:11,(성경에 없는 구절)(20) 행 8:22, (21) 말 3:7, (22) 엡 4:5, (23) 고후 5:17, (24) 요일 1:9, (25) 요 8:32, (26) 요 10:28, (27) 신 32:10, (28) 갈 5:1, (29) 요 8:36

천사의 보호

Angelic Protection

천사들은 우리 아이들을 지키고 섬긴다.

"저가 너를 위하여 그 사자들을 명하시리니, 저희가 손으로 너를 받들어, 발이 돌에 부딪히지 않게 하리로다"(마 4:6).

 기도

하나님! 천사들로 하여금 하나님의 백성들을 지켜 주시니, 참 감사합니다. 하늘나라에는 주님의 병거가 수천이며, 천사들이 수만이오니, 천사들을 보내 주셔서 제 자녀 __________를 그 일생 동안 지켜 주시옵소서.[1] 주님! 간청합니다. 부디 천사들을 명하여 지키게 하사, 제 자녀의 인생에 악한 세력들이 틈타지 못하도록 모든 길에서 지켜 주시옵소서.[2]

천사들은 우리 주님을 충성스럽게 보좌하는 이들이니, 부디 그들이 우리의 자녀를 항상 섬길 수 있도록 하여 주시옵소서.[3] 하나님 아버지! __________를 지키는 천사들이 하늘에서 항상 하나님을 뵙는 줄 알고 있습니다.[4] 감사합니다. 부디 우리의 자녀들로 하여금 수많은 천사들이 자기를 위해 일하고 있다는 사실을 깨닫게 하여 주옵소서.[5]

하나님! 예수께서 천사들을 보내어 하나님 나라를 대적하는 모든 것들과 불법을 행하는 모든 자들을 거두어 내실 그날이 속히 오게 하옵소서.[6] 주의 천사들이 의인들 중에서 악인들을 갈라낼 그날이 오기를 고대합니다.[7] 제 아이가 항상 죄악을 물리치시는 당신의 능력을 깨닫게 하시고, 언제나 의인의 회중에 들어갈 수 있도록 도와주소서.

이 패역하고 악한 세대에 주님과 주의 말씀을 부끄러워하면, 주님이 거룩한 천사들과 함께 영광 중에 오실 그날에, 주님도 그를 부끄러워하실 것이라는 것을 그 아이가 알게 하소서.[8] 기도하오니, 그가 소망하는 바가 오직 주를 항상 기쁘시게 하는 것이 되게 하시고, 주님의 이름을 망령되게 일컫지 않도록 이끌어 주소서.

주님의 천사들이 __________의 주위를 둘러싸 진을 치고 지키게 하시며, 제 아이가 경외하는 마음과 존경심으로 주께 예배할 때, 그를 구원하여 주소서.[9]

하나님의 아들, 우리 주 예수 그리스도를 보내셔서 이 마지막 때 저희에게 말씀하여 주시니, 감사합니다. 그분께 천사보다 더 위대한 힘을 주시고, 천사보다 더 뛰어난 이름을 주셨사오니, 참 감사드립니다.[10] 아버지! 하나님을 경배하며 섬기는 천사들을 지으셔서, 주의 백성들을 지키게 하시려고 저희에게

보내 주시니, 참 감사합니다. 구원받은 후사들을 섬기기 위해
천사들을 보내 주신[11] 주님! 감사합니다.

 인용 성구

(1) 시 68:17, (2) 시 91:11, (3) 마 4:11, (4) 마 18:10, (5) 히 12:22, (6) 마 13:41,
(7) 마 13:49, (8) 마 25:31, (9) 시 34:7, (10) 히 1:4, (11) 히 1:6~7, 14

자녀가 화났을 때

분노는 마음의 상처와 좌절감의 표시이다.

"사람의 성내는 것이 하나님의 의를 이루지 못함이니라"(약 1:20).

 기도

하나님 아버지! 저에게 _______를 주신 것, 참 감사드립니다. 제가 결코 그 아이의 분노를 자극하지 않도록 저를 항상 인도해 주소서.[1] 제가 화를 내지 않고, 그의 지지자가 되고, 그의 삶에 항상 용기를 주는 사람이 되고 싶습니다.[2]

제 자녀의 인생에 역사하여 주셔서, 주님이야말로 모든 상처와 좌절감, 실망감을 치유하시는 분이시라는 것을 곧 깨닫게 해 주소서.[3] 주님! 그의 모든 상처를 싸매어 주시고, 분노를 일으키는 모든 상처로부터 자유롭게 하여 주소서.[4] 제가 항상 그 아이의 삶에서 치유하시는 하나님의 대리인이 될 수 있도록 허락해 주시고, 그를 잘 이끌 수 있는 지혜를 허락하여 주소서. 그리고 그의 분노를 잘 다스리고 건설적인 방향으로 이끌 수 있도록 힘을 주소서.[5]

아버지 하나님! 죄 없는 분으로서, 사람이 받는 모든 유혹을 친히 체험하신 우리의 대제사장이신 예수님을 인하여 감사를 드립니다. 주님께서는 _________가 왜 화가 났는지 다 이해하실 것입니다. 그렇기 때문에, 주님께서 제 자녀를 자유롭게 하실 줄 믿습니다.[6] 지금 제가 그를 대신해서 부르짖을 수 있도록 이 약속의 말씀을 주시니 감사드립니다.

하나님! 아버지는 자비와 은혜가 넘치시는 분이십니다.[7] 부디 자비와 은혜를 제 자녀의 마음에 부어 주소서. 길르앗의 향유를 부어서 그의 마음속에 있는 모든 상처를 치유해 주소서.[8] 기도하오니, 부디 제 자녀로 하여금 주님께 부르짖게 하기 위해, 그러한 일이 생긴다는 것을 그가 깨닫게 하여 주소서. 그가 분노를 느낄 때, 죄를 짓지 않고 그것을 오직 건설적인 방향으로 대처할 수 있도록 도와주소서.[9]

하나님! _________가 주님의 놀라운 사랑에 응답함으로써,[10] 자신의 분노를 그치고, 극심한 화를 버리는 법을 배우게 하여 주소서.[11] 분노가 일어나는 이유가 무엇인지 밝히 보이시고, 부디 그가 자신의 삶에 대한 진리를 인정할 수 있도록 도와주소서. 진리가 제 자녀를 자유롭게 하리라 믿습니다.[12]

주님! 부디 제 자녀가 자신에게 상처를 준 모든 사람들을 용서할 수 있도록 특별한 은혜를 베풀어 주소서.[13] 부디 _________에게 풀리지 않은 분노와 용서하지 못하는 마음이, 자기 자신에게 더 큰 상처가 된다는 것을 깨닫게 하여 주소서.[14] 그에게 지혜를 주셔서 분별할 수 있도록 해 주시고, 분노한 마음을 신속히 회복 시켜 주소서.[15] 주님의 공의가 항상 승리할 것임을 알기에 감사 드립니다. 부디 그도 이것을 깨닫게 하여 주소서.[16]

제 자녀가 분노를 경험할 때마다, 주여! 부디 그가 주님의 자 비를 기억하게 하시고, 우리의 필요를 채우시고 자비를 베푸 시는 주님을 기억하게 하소서.[17] 분노를 보다 긍정적인 방향으 로 다스릴 수 있도록 도와주시고,[18] 결코 해가 지도록 분을 품 지 않도록 도와주소서. 매 순간마다 주님의 완벽하신 도를 가 르쳐 주시고,[19] 사랑만이 언제나 훌륭한 대처임을 알게 하여 주소서.[20]

(1) 엡 6:4, (2) 사 41:6, (3) 출 15:26, (4) 눅 4:18, (5) 약 1:5, (6) 히 4:15, (7) 시 86:5, (8) 렘 8:22, (9) 엡 4:26, (10) 요일 4:10, (11) 시 37:8, (12) 요 8:32, (13) 골 3:13, (14) 마 5:22, (15) 약 1:5, (16) 사 61:8, (17) 합 3:2, (18) 엡 4:26, (19) 시 86:11, (20) 고전 12:32(성경에 없는 구절)

마음가짐과 태도

Attitude

팔복(마 5:3~10)은 우리의 마음가짐에 대한 황금률이다.

"그러므로 누구든지 나의 이 말을 듣고 행하는 자는 그 집을 반석 위에 지은 지혜로운 사람 같으리니, 비가 내리고 창수가 나고 바람이 불어 그 집에 부딪히되 무너지지 아니하나니, 이는 주초를 반석 위에 놓은 연고요" (마 7:24~25).

 기도

하나님 아버지! 아버지의 말씀은 우리 심령을 새롭게 하고,[1] 기도는 우리를 변화시킵니다. 아버지! __________에게 주의 길을 가르쳐 주소서. 주의 길로 행하는 것만이 완전하다는 것을 깨닫게 해 주소서. 주님은 주를 신뢰하는 모든 자들에게 강력한 방패가 되어 주시는 분이십니다.[2] 부디 __________가 자신의 지식을 의지하지 않고 항상 주님을 신뢰할 수 있도록 이끌어 주소서. 그리고 기도하오니, 그가 범사에 주를 인정하게 하옵소서. 그가 이처럼 주를 인정하는 법을 배우게 될 때, 주님께서 그의 길을 인도해 주시리라고 믿습니다.[3]

아버지 하나님! 제 자녀의 마음이 하나님 앞에서 항상 바르게 하여 주옵소서.[4] 그를 살펴 주시고, 잘못된 생각이나 마음가짐이 있는지 감찰해 주소서.[5] 그가 당신께 자신의 잘못을 고백하면, 모든 불의로부터 깨끗하게 하여 주소서.[6] 분노와 증오의 모든 유혹을 초월할 수 있도록 도와주소서.[7]

주님! 부디 제 자녀에게 의문letter의 오래된 것으로 하지 아니하고, 새로운 영으로 주를 섬기려 하는 강한 열정을 심어 주소서.[8] 그가 온유하며, 자기에게 잘못한 사람들을 기꺼이 용서하되, 필요하다면 언제라도 그렇게 할 수 있는 사람으로 성장할 수 있도록 그 아이의 삶을 빚어 주시옵소서.[9] 하나님! 기도하오니, ___________의 삶에 역사하셔서, 공손하고,[10] 친절하며,[11] 상냥하고,[12] 자비로우며,[13] 도움이 되는 사람[14]이 되어, 언제나 주님의 기쁘신 뜻[15]에 따라 소원을 두고 행하게 하소서. ___________에게 자신을 저주하는 자를 축복하고 원수를 사랑하는 법을 가르쳐 주시며, 자기를 미워하는 자에게 선을 행하고 자기를 악의적으로 이용하고 모든 악한 말로 대적하는 자들을 위해 기도하는 법을 가르쳐 주소서.[16] 그러나 부디 그런 사람들을 그의 일생 동안 되도록 만나지 않게 하여 주소서.

주님! ________가 실수로 인하여 넘어진 형제들을 볼 때마다 온유한 마음으로 그러한 자들을 도와주게 하시고, 자기 자신을 돌아보아 자신에게도 그런 모습이 없는지 살피게 하소서.[17] 부디 하나님의 사랑이 성령과 더불어 ___________의 마음에 샘솟게 하셔서,[18] 그가 항상 사랑으로 다른 사람들에

게 손을 내밀게 하소서. 그를 하나님의 성령으로 충만하게 하
소서,[19] 아버지!

(1) 엡 4:23, (2) 시 18:30, (3) 잠 3:5~6, (4) 행 8:21, (5) 시 139:23, (6) 요일 1:9,
(7) 히 12:15, (8) 롬 7:6, (9) 엡 4:32, (10) 벧전 2:17, (11) 벧후 1:7, (12) 고전
12:25~26, (13) 미 6:8, (14) 사 41:6, (15) 빌 2:13, (16) 마 5:44, (17) 갈 6:1, (18)
롬 5:5, (19) 엡 5:18

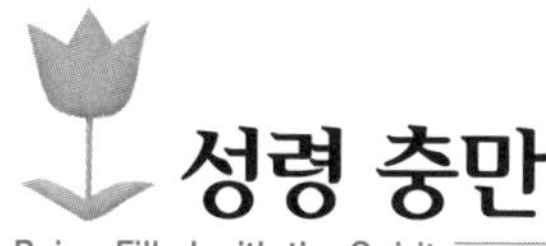

성령 충만
Being Filled with the Spirit
예수께서 말씀하시기를, "오직 성령의 충만함을 받으라."

"술 취하지 말라, 이는 방탕한 것이니 오직 성령의 충만을 받으라. 시와 찬미와 신령한 노래들로 서로 화답하며, 너희의 마음으로 주께 노래하며 찬송하며 범사에 우리 주 예수 그리스도의 이름으로 항상 아버지 하나님께 감사하며"(엡 5:18-20).

 기도

사랑하는 하나님 아버지! 약속을 완성하시려고 성령을 보내시어 우리와 영원히 함께 해 주시니, 참 감사를 드립니다.[1] 성령님은 우리의 위로자이며,[2] 인도자이시고,[3] 도움이시며,[4] 능력을 주시는 분이시고,[5] 진리의 영이십니다.

또 구하는 자에게 성령을 보내 주시리라는 약속의 말씀을 주시오니 감사합니다.[6] 그리고 이 축복의 약속이 우리 자녀들에게도 주어진 것임을 가르쳐 주시니, 감사드립니다.[7]

기도하오니, 부디 제 아이 __________에게 성령으로 끊임없이 기름 부어 주셔서, 성령 안에서 행하고 육체의 욕심을 따르지 않도록 하여 주소서. 오늘날 이 세상은 육체의 정욕에

의해 너무 많이 지배당하고 있습니다.[8]

하나님! 부디 제 자녀가 성령을 근심시키고 슬프게 만드는 일이 없게 하시고,[9] 성령의 인도하심을 따를 수 있도록 도와주소서. 무릇 성령의 인도하심을 받는 그들이 주의 자녀라고 말씀하셨습니다.[10]

아버지 하나님! 기도하오니, __________가 성령 충만하여 시와 찬미와 신령한 노래로 화답하고, 마음을 다해 주님께 찬양하고 노래하게 하소서. 그리고 우리 주 예수 그리스도의 이름으로 범사에 하나님께 항상 감사할 수 있도록 이끌어 주소서.[11]

기도하오니, __________가 내주하시는 성령님께 온전히 순종하여, 사랑, 희락, 화평, 오래 참음, 자비, 양선, 충성, 온유, 절제와 같은 성령의 열매가 그의 인생에서 풍성하게 익어갈 수 있도록 도와주소서. 주께서는 이 같은 법을 금지할 자가 없다고 하셨습니다.[12]

(1) 요 14:16, (2) 요 15:26, (3) 요 16:13, (4) 히 13:6, (5) 엡 3:16, (6) 눅 11:13, (7) 행 2:39, (8) 갈 5:16, (9)엡 4:30, (10) 롬 8:14, (11) 엡 5:18~20, (12) 갈 5:22~23

아기의 탄생

아기는 거룩한 잠재성이 무한하다.

"이 아이를 위하여 내가 기도하였더니, 여호와께서 나의 구하여 기도한 바를 허락하신지라. 그러므로 나도 그를 여호와께 드리되, 그의 평생을 여호와께 드리나이다 하고 그 아이는 거기서 여호와께 경배하니라"(삼상 1:27~28).

기도

하늘에 계신 아버지! ____________의 탄생을 맞아, 감사와 찬양의 마음으로 주님께 나아갑니다. 이 생명을 제게 보내 주시니 참 감사드립니다. 저희 가족의 일원이 된 것을 환영하며 기쁨과 기대를 가지고 그를 바라봅니다. 주의 손으로 축복하시고, 강하게 하시고, 건강하게 해 주시며, 부디 그의 일생 동안 변함없이 지켜 주소서.

자식은 여호와의 주신 기업이요, 태의 열매는 그의 상급이라고 하신 말씀처럼 이 아이는 참 놀라운 축복입니다.[1] 하나님 아버지, 그를 허락하시고, 우리로 하여금 이 놀라운 축복을 누리게 하시니 감사합니다.

주님! 부디 __________에게 지혜로 충만케 하셔서, 제 마음에 기쁨이 넘치게 하여 주소서.[2] 지혜로운 아이의 부모는 언제나 그를 인하여 즐거워하리라고 말씀하셨습니다.[3] 하나님! __________에게 참된 지혜는 여호와를 경외하는 것임을[4] 가르쳐 주시고, 하나님의 지혜와 지식과 명철을 갈망하는 자 되게 해 주옵소서.[5]

젊은이의 자식은 장사의 수중에 있는 화살과 같고, 또 그런 아이들이 전통에 가득한 자는 복되다 하였습니다.[6] 부디, 제가 항상 이 진리의 말씀을 기억하게 하시고, __________가 때때로 실수를 하는 중에도 이 말씀을 항상 기억하여 감사하게 하여 주소서.

이사야의 말처럼, 어린아이라 할지라도 인생의 가장 소중한 지혜를 깨우치게 한다고 했습니다.[7] 주님, __________를 통해 저에게 필요한 신뢰와 사랑, 희망과 기쁨과 같은 성품들을 깨닫게 하시고, 그를 통해서 배울 만한 것들을 배우게 하소서. 부디 __________의 삶을 축복하사, 그가 놀라운 지혜로 다른 이들의 리더가 되게 하소서.

어린아이와 젖먹이들의 입에서 나오는 찬미를 온전케 하신다 하였사오니,[8] 저도 주님을 온전하게 찬양하고 신뢰하는 법을 배우기 원합니다. 제 아이도 이것을 바라게 하옵소서.
이 아이가 어느 누구에게도 학대당하지 않도록 보호해 주옵소서. 그리고 모든 가족들과 그의 인생에서 만나게 되는 인생의 선배들로 인하여 실족하여 영혼에 상처 입히지 않도록 도와주옵소서.[9] 이로써 항상 __________를 안전하게 보호하여 주옵소서.[10]

__________가 일생 동안 주님을 사랑할 수 있도록 가르쳐 주시고, 하나님께 순종하고, 어른들을 공경할 수 있도록 가르쳐 주소서.[11] 이를 통해 그가 잘되고, 땅에서 장수할 것을 믿습니다.[12] 아버지 하나님! 감사합니다.

(1) 시 127:3, (2) 잠 15:20 (3) 잠 23:24, (4) 시 111:10, (5) 잠 2:6, (6) 시 127:4~5, (7) 사 11:6, (8) 미 21:16, (9) 막 9:42, (10) 시 12:5, (11) 엡 6:1, (12) 엡 6:2~3

# 크리스천 친구들과의 교제

Caring Christian Friends

진정한 친구는 언제나 사랑해 주는 자다.

"많은 친구를 얻는 자는 해를 당하게 되거니와, 어떤 친구는 형제보다 친밀하니라"(잠 18:24).

 기도

하늘에 계신 아버지, 아버지는 우리 죄를 대속하시려고 독생자이신 예수 그리스도를 보내셨습니다.[1] 우리 주님을 보내셔서 형제보다 더 가까운 친구가 되게 하시고,[2] 우리와 함께 거하게 하시오니 참 감사드립니다. 제 자녀로 하여금, 부디 자신이 예수님의 친구로 부름 받은 자임을 깨달을 수 있도록 도와주시고,[3] 이 세상과 벗하는 것은 주께서 미워하시는 것임을 깨닫게 하여 주시옵소서.[4]

오늘날의 젊은이들 사이에서는 또래 집단의 압력peer group pressure이 커다란 위협이 되고 있습니다. 주님! 기도하오니, 제 자녀의 인생을 충만케 하사, 그가 자기 친구들보다 먼저 주님의 인정을 받고자 늘 노력하는 자가 되게 하옵소서.[5]
그에게 늘 아끼고 사랑해 줄 수 있는 크리스천 친구들을 많이 보내 주소서.[6] 그리고 제 자녀 __________도 당신이 보내신 친구들과 진정한 우정을 나누는 자가 되게 하여 주소서.[7] 그와 그의 친구들이 기도와 격려로써 서로의 짐을 나눠지는 법을 배우게 하셔서, 그들이 진정 주님의 사랑의 법을 완성하게 하소서.[8] 제 자녀들과 관계를 맺고 있는 신앙의 친구들이 주님의 말씀에 기록된 바와 같이, 언제나 사랑하고, 역경 중에도 신의를 지키며 서로를 위해 기꺼이 목숨도 내어 줄 수 있는 친구들이 되게 하소서.[9] 그리고 제 아이 역시 그런 친구가 될 수 있도록 도와주소서.

주님께서는 우리가 주의 명대로 무엇이든지 행할 때에 우리가 그분의 친구가 될 수 있다고 하셨습니다.[10] 주님! 부디 제 자녀에게 역사하셔서, 그가 항상 순종하고 신실한 주님의 종이 되게 하시고, 친구들이 그를 가리켜, "주 안에서 아주 좋은 친구를 알게 됐구나!"라고 고백할 수 있도록 인도해 주소서.

(1) 요일 4:10, (2) 잠 18:24, (3) 요 15:15, (4) 약 4:4, (5) 딤후 2:15, (6) 잠 17:17, (7) 잠 18:24, (8) 갈 6:2, (9) 요일 3:16, (10) 요 15:14

성품과 순전함

좋은 성품은 용기를 불러일으킨다.

"정직한 자의 성실은 자기를 인도하거니와, 사특한 자의 패역은 자기를 망케 하느니라"(잠 11:3).

 기도

하늘에 계신 아버지여! 제 자녀 __________의 성품을 강하게 하셔서, 그 아이에게 다가오는 모든 유혹을 물리칠 수 있도록 도와주소서. __________가 자기가 옳다고 믿는 것에 충실할 수 있도록 도와주시고, 그에게 힘이 필요할 때 주를 의지하게 하소서.[1] 주를 의지함으로써 그 아이가 언제나 순전한 마음으로 살아가게 하소서.[2] 모든 상황에서 크리스천의 순전함이 그를 인도하게 하시고, 그 순전함으로 모든 유혹을 다스리게 하소서.

제 자녀로 하여금, 자신에게 다가오는 모든 유혹들은 어디서나 누구나 일반적으로 겪을 수 있는 일이라는 것을 깨닫게 하여 주시옵소서. 또한 주님! 유혹이 다가올 때, 그가 자신을 도와주시는 주님의 힘과 지혜와 능력을 알게 하옵소서. __________로 하여금, 주님께서는 우리가 항상 모든 시험과 환란을

당할 때, 피할 길을 주시는 분이라는 것을 깨닫게 하여 주옵
소서.[3]

아버지! 제 자녀의 인생에 은혜가 넘치게 하시고, 그가 거룩
한 성품의 온전한 인격을 지니게 하시고 충실하게 자신의 길
을 가게 하소서.[4] 그가 가는 길이 언제나 주 앞에서 한결같고
성실하게 하소서.

그 아이의 마음을 정결하게 하시고, 극히 어려운 상황에서도
순전함을 버리지 않으셨던 주님을 닮고자 항상 힘쓰게 하소
서.[5]

__________의 영혼을 지켜 주시고, 주님! 모든 악에서 건져
주시옵소서.[6] 기도하오니, 결코 그 아이가 주님을 의지하는
것을 부끄러워하지 않게 하시고, 그가 주를 바랄 때에 순전함
과 정직으로 보호하여 주소서.[7]

아버지 하나님! 하나님의 도우심으로 제 아이가 순전하고 정
직한 마음으로 살아가게 하소서. 부디 그를 구속하여 주시고
긍휼히 여겨 주시옵소서.[8] 주님의 그 순전하심으로 그 아이를
먹이시고 기르시며, 그 능숙하신 주님의 솜씨로 인도하소서.[9]
주의 성실하심과 오묘한 솜씨로 그의 일생을 지켜 주소서.

그리고 인생의 모든 것은 그 마음에서 시작되고, 사람이 그 마음에 생각하는 바에 따라 그 사람됨도 그러하다는 것을 __________가 깨달을 수 있도록 인도하소서.[10] 주님! 그가 무엇보다 부지런을 내어 그 마음을 지킬 수 있도록 은혜를 주시고,[11] 항상 기꺼이 자기 마음이 옳다고 느끼는 대로 행동하게 하소서.

(1) 눅 1:51, (2) 창 20:6, (3) 고전 10:13, (4) 고후 9:8, (5) 욥 27:5, (6) 눅 11:4, (7) 시 25:21, (8) 시 26:11, (9) 시 78:72, (10) 잠 23:7, (11) 잠 4:23

거룩함

하나님은 그분의 뜻을 이루기 위해 우리를 거룩하게 변화시키신다.

> "오직 너희를 부르신 거룩한 자처럼 너희도 모든 행실에 거룩한 자가 되
> 라. 기록하였으되, 내가 거룩하니 너희도 거룩할찌어다 하셨느니라"(벧전
> 1:15-16).

기도

거룩하신 아버지! 간구하오니 제 __________를 당신의 진리
의 말씀으로 깨끗하게 하시고, 거룩하게 하소서.[1] 하나님께
드리는 예배에 합당하도록 그 아이의 삶을 온전히 거룩하게
하옵소서. 그로 하여금 자신을 세상과 구별시켜서, 주께 속하
게 하는 것이 얼마나 중요한지 깨닫게 하여 주소서. 오, 주님!
부디 이 세상의 온갖 부정으로부터 그를 구별시켜 주시옵소
서.[2] 부디 구하오니, 그 아이의 일생 동안 그 자신을 거룩한
산 제사로 주님께 드릴 수 있도록 도와주옵소서. 하나님 앞에
드려진 그의 삶이 주님 앞에서 거룩하고 받으실 만한 제물이
라고 인정받게 하여 주옵소서. 이것이야말로 진정한 영적 예
배라는 것을 __________에게 가르쳐 주소서.[3] 그가 이 세대
를 본받지 않도록 하시고, 변화시켜 주옵소서, 주여! 그의 마
음을 새롭게 하사, 하나님의 선하시고 기뻐하시고 온전하신

뜻이 무엇인지 분별할 수 있도록 인도해 주소서.[4]

오, 주님! _________로 하여금, 주님께 가까이 가기 위해서는, 하나님의 예배를 위하여 거룩히 구별되어, 반드시 주님께 온전히 드려져야 한다는 것을 깨닫게 하여 주소서. 자신의 손과 마음이 깨끗해야 한다는 것을 알게 하여 주소서. 이 모든 거룩한 목표를 이루게 하시고, 그 아이가 자신의 영혼을 헛된 우상에 바치지 않도록 지켜 주시옵소서. 모든 사악하고 거짓된 것들로부터 그를 지켜 주시고 깨끗하게 하소서.[5] 주여! 간절히 기도드리오니, 그의 마음에 하나님과 이웃을 향한 사랑이 털끝만한 거짓조차도 없도록 하여 주옵소서.[6]

주님은 지극히 거룩하시며, 주님의 영광은 온 땅에 가득합니다.[7] 기도하오니, 제 자녀의 인생이 언제나 아버지를 영화롭게 할 수 있도록 도와주소서. 이미 태중에 있을 때부터 그 아이를 구별하셨다고 주께서 말씀하셨습니다.[8] 주님께서는 이 세상의 기초가 이루어지기 전부터 _________를 선택하셨습니다.[9] 그를 통해 많은 열매를 맺게 하시려고 부르신 것을 믿습니다.[10] 그 크신 자비하심과 사랑에 어찌 감사하지 않겠습니까?

부디 _________가 언행 가운데 주님의 백성으로서 구별된 자가 되게 하옵소서.[11] 그 아이의 삶이 당신 앞에 거룩하게 하옵소서.[12] 하나님의 능력의 말씀이 그의 삶을 깨끗케 하시고,[13] 그 진리가 그를 거룩한 모습으로 변화시킬 것을 믿습니다.[14] 간절히 바라기는, __________의 인생을 축복하셔서, 하나님께만 드려지는 거룩한 제물이 되게 하옵소서.

주님! 주님께서 기도하셨던 것처럼, 제 자녀도 "나의 원대로 마옵시고, 오직 아버지의 원대로 하옵소서."[15]라고 고백하게 하옵소서.

인용성구

(1) 요 17:17, (2) 고후 6:17, (3) 롬 12:1, (4) 롬 12:2, (5) 시 24:3~4, (6) 롬 12:9, (7) 사 6:3, (8) 렘 1:5, (9) 마 25:34, (10) 요 15:16, (11) 겔 44:23, (12) 슥 14:20, (13) 요 15:3, (14) 요 17:17, (15) 마 26:39.

훈육

Discipling Your Child

훈육의 초점은 벌주는 것이 아니라 그를 돕는 것이다.

"마땅히 행할 길을 아이에게 가르치라. 그리하면 늙어도 그것을 떠나지 아니하리라"(잠 22:6).

 기도

하나님 아버지! 저에게 제 자녀 __________를 가르치고, 훈육하고, 이끌 수 있는 축복을 주셔서 감사합니다. 주님! 훈육은 우리 주 예수 그리스도의 충실한 제자를 양성하기 위한 훈련이라는 것을, 제가 항상 잊지 않도록 도와주옵소서. 주님! 저는 제 아이가 진정한 주님의 제자가 될 수 있도록 아버지 하나님을 돕고 싶습니다.

주님! 제가 살아가는 동안 저를 잘 훈육하여 주시니 감사드립니다. 저를 향한 사랑이 있으시기에, 필요한 순간마다 저에게 훈계하셨다는 것을 알고 있습니다.[1] 저도 __________를 훈육할 때, 오직 사랑만이 제 모든 행위의 동기가 될 수 있도록 은혜를 베풀어 주옵소서.

주께서 저를 눈동자처럼 인도하신 것같이,[2] 저도 믿음의 주요, 온전케 하시는 주님을 바라보오니, 제 자녀를 잘 인도하게 하소서.[3] 저에게 주님의 길을 가르쳐 주시니 감사드립니다.[4] 제 아이에게도 말씀과 본보기로 주님의 길을 가르칠 수 있도록 도와주옵소서.

주님! 분노로 자녀를 격동시키는 자가 되지 않도록 도와 주옵소서,[5] 오직 주님의 교양과 훈계로 그를 양육할 수 있도록 인도해 주소서.[6] 하나님 아버지! 제 입에 파숫군을 세워 주소서.[7] 제 아이와 온유함과 자비와 용서가 넘치는 관계를 유지할 수 있도록 도와주시고,[8] 제가 항상 그의 앞에서 주님의 도를 행하게 하여 주소서.[9] 하나님의 도는 완전하고, 하나님의 말씀은 거짓이 없으십니다.[10]

제가 징계하기를 꺼리지 않게 하시고,[11] 언제나 단호함과 사랑으로 적절한 훈계를 할 수 있도록 도와주소서. 늘 일관된 모습으로 그를 사랑하기 원하오니, 지혜를 주옵소서.[12]

제 자녀가 가장 흥미를 갖고 있는 분야가 무엇인지 알 수 있도록 도와주시고, 분노와 비난으로 대하지 않고 항상 사랑과 배려로 대하게 하옵소서. 그가 실수로 인해 넘어졌을 때도 온유한 마음으로 그 아이를 위로할 수 있게 하시고, 제 자신의 한계와 실수에 대해서도 항상 깨달을 수 있도록 인도해 주소서.[13] 제가 자랄 때에 주님께서 저에게 가르쳐 주셨던 교훈

들을 잊지 않게 해 주시고, 주님께서 제 아이를 오묘한 솜씨
로 특별하게 창조하셨다는 것을 인정할 수 있게 하옵소서.[14]

 인용 성구

(1) 히 12:6, (2) 시 32:8, (3) 히 12:2, (4) 시 25:4, (5) 엡 6:4, (6) 엡 6:4, (7) 시
141:3, (8) 엡 4:32, (9) 엡 2:10, (10) 시 18:30, (11) 잠 23:13, (12) 약 1:5~6, (13)
갈 6:1, (14) 시 139:14

하나님의 일에 대한 열정

Enthusiasm for the Things of God

열정은 근본적으로 하나님으로부터 오는 것이다.

"너희는 먼저 그의 나라와 그의 의를 구하라. 그리하면 이 모든 것을 너희에게 더하시리라"(마 6:33).

 기도

하늘에 계신 아버지! 제 자녀 __________를 위하여 지금 주께 나아갑니다. 기도하오니, 제 자녀가 언제나 의에 주리고 목마른 자가 되게 하여 주소서. 주께서 그런 자들을 채워 주실 줄 믿습니다.[1] 그리고 주님이 계심과 주께서 항상 그를 감찰하고 계시다는 것을 언제나 그 아이가 느낄 수 있도록 인도해 주소서.[2] 주께서 언제나 환난 중에 만나는 큰 도움이 되어 주시니 참 감사드립니다.[3]

오, 주님! 제 아이가 항상 주의 말씀을 사모할 수 있도록 도와주셔서, 주의 완전한 도를 배우게 하옵소서.[4] 그가 언제나 주의 뜻을 행하는 것을 기뻐하게 하시고,[5] 주님을 기뻐하는 것이 자신의 힘이라는 것을 깨달을 수 있도록 인도해 주소서.[6] 그가 항상 자기 인생에서 누구보다도 주님을 우선 순위에 두게 하소서.[7] 제 자녀로 인하여 주님께 감사를 드립니다. 그 아이가 주를 향한 저의 열정을 보게 하시고, 그로 인해 증인이 되게 하시며, 정복하고 승리케 하시는 힘의 원천이 주의 성령임을 깨달아 알게 하옵소서.[8] 부디 __________가 언제나 주를 위해 열정적인 증인이 되게 하시고, 모든 일을 주께 하듯이 마음과 뜻을 다하게 하옵소서.[9]

아버지! 제 아이가 신령한 것에 갈급하게 하시고, 우리 주 예수 그리스도께 나아오는 자는 결코 주리지 않으리라는 것을 알게 하옵소서. 주님은 생명의 양식이십니다. 또한, 주님! 그에게 믿음의 귀한 선물을 주심으로, 주를 믿는 자는 결코 목마르지 않으리라는 것을 깨닫게 하소서.[10] 부디, 그에게 우리 주님을 알게 하는 지혜와 계시의 영을 부어 주셔서, 주를 믿는 모든 이에게 베푸신 지극히 큰 능력을 깨달아 주를 향한 열정을 갖게 하소서.[11]

주여! 기도하오니, 우리의 자녀가 그 일생 동안 온 마음을 다하고 목숨을 다하고 뜻을 다하고 힘을 다하여, 열심으로 주를 사랑하게 하옵소서.[12] 할렐루야!

 인용 성구

(1) 마 5:6, (2) 욥 28:10, (3) 시 46:1, (4) 시 18:30, (5) 시 40:8, (6) 느 8:10, (7) 마 6:33, (8) 행 1:8, (9) 골 3:23, (10) 요 6:35, (11) 엡 1:17~19, (12) 막 12:30

꿋꿋한 정신

Fortitude

꿋꿋한 정신은 끊임없이 전진하는 것이다.

"오직 여호와를 앙망하는 자는 새 힘을 얻으리니 독수리의 날개치며 올라
감 같을 것이요, 달음박질하여도 곤비치 아니하겠고 걸어가도 피곤치 아
니하리로다"(사 40:31).

 기도

우리의 구원자이신 주님! 기도드리오니, 제 자녀 __________
에게 굳건한 믿음을 주시옵소서. 그에게 은혜를 베푸사,
그의 일생을 통해 끊임없이 믿음의 선한 싸움을 싸우게 하
옵소서.[1] 그 아이로 하여금 주님만이 자신의 힘이 되시
며,[2] 언제나 자기의 길을 온전케 하시리라는[3] 확고한 믿음
을 갖게 하소서.

오, 하나님! 제 자녀의 손을 강하게 하소서.[4] 언제나 그의
피난처와 힘이 되어 주시며, 환란 중에 만나는 큰 도움이
되어 주소서.[5]

아버지! 간절히 기도합니다. 그가 하나님만이 마음의 힘이
요, 영원한 분깃임을 깨달을 수 있도록 도와주옵소서.[6] 누

군가가 그에게 부당히 비난할 때마다, 헐뜯는 그를 오히려
축복하게 하시고, 핍박받을 때마다 꿋꿋한 마음으로 인내
할 수 있도록 은혜를 내려 주소서.[7]

오, 사랑의 주님! 제 자녀로 하여금 언제나 주 안에서 강한
마음을 갖게 하시고, 주의 전능하신 능력을 의지하게 하소
서.[8] 주 예수 그리스도 안에 있는 은혜 속에서 강하게 하시
고,[9] 지치고 힘들 때에도 주를 향해 손을 들게 하소서.[10]

주님! 제 아이가 주 예수 그리스도의 강림하시는 그날까지
주님을 굳게 붙잡을 수 있게 하여 주소서.[11] 그가 결코 선을
행하되 낙심하지 않게 하시고, 때가 이르면 거두게 되리라
는 것을 깨닫게 하소서.[12] 그리고 그 아이가 예수 그리스도
의 선한 군사로서 주와 함께 고난을 견딜 수 있도록 도와주
시고,[13] 흔들림 없이 믿음의 고백을 굳게 붙잡을 수 있도록
인도해 주소서.[14] 세상 끝날까지 그가 희망을 잃지 않게 하
소서.[15] 이기는 자는 모든 것을 상속받게 되리라는 것을 끝
까지 믿게 하시고,[16] 그가 믿음 안에서 굳건히 서게 하옵소
서.[17] 주님! 이렇게 간구합니다.

주님! 우리가 주를 찾으면 언제나 주님을 만나게 된다는 것
을 __________에게 각인시켜 주소서.[18] 그가 모든 일에 마
음을 다하여 주께 하듯 하고, 사람에게 하듯 하지 않도록

인도해 주소서.[19]

 인용성구

(1) 딤전 6:12, (2) 합 3:19, (3) 삼하 22:23, (4) 느 6:9, (5) 시 46:1, (6) 시 73:26,
(7) 고전 4:12, (8) 엡 6:10, (9) 딤후 2:1, (10) 히 12 :12, (11) 계 2 :25, (12) 갈 6
:9, (13) 딤후 2:3, (14) 히 10:23, (15) 벧전 1:13, (16) 계 21:7, (17) 히 6:11, (18)
신 4:29, (19) 골 3 :23

정죄에서 벗어남

Freedom From Condemnation

예수 안에 있으면, 모든 정죄는 사라진다.

> "하나님이 그 아들을 세상에 보내신 것은 세상을 심판하려 하심이 아니
> 요, 저로 말미암아 세상이 구원을 받게 하려 하심이라. 저를 믿는 자는 심
> 판을 받지 아니하는 것이요, 믿지 아니하는 자는 하나님의 독생자의 이름
> 을 믿지 아니하므로 벌써 심판을 받은 것이니라"(요 3:17-18).

 기도

사랑하는 주님! 감사드립니다. 주의 백성들에게 삶의 모든 면
에 있어서 자유를 누리게 해 주시니, 참 감사드립니다. 주님
이 우리를 자유케 하시니, 우리가 참으로 자유롭습니다.[1] 기
도드릴 것은, 제 자녀가 삶에서 어떤 형태로든 정죄를 받지
않도록 인도해 주시옵소서. 정죄는 주님이 주신 것이 아니기
때문입니다.[2]

그 아이가 잘못을 저질렀을 때에라도 성령의 부르심에 응하
여 주님께 죄를 고백하면, 주께서 모든 죄를 사해 주시고 모
든 불의에서 깨끗케 하시리라는 것을 깨닫게 하여 주소서.[3]
죄를 고백한 후에는 그가 자유할 수 있도록 도와주시고, 다시
는 죄의 멍에를 메지 않게 하여 주옵소서.[4] 주님께서 자유하

게 하시면, 진정 자유로울 수 있습니다.[5] __________가 항상 진리를 기억하게 하시고, 진리가 정죄와 모든 문제들로부터 자유케 하리라는 것을 기억하게 하여 주옵소서.[6]

아버지! __________로 하여금, 하나님의 아들 예수 그리스도의 보혈의 능력이 모든 불의에서 깨끗케 하리라는 것을 깨달을 수 있도록 도와주소서.[7] 하나님의 아들 예수님과 하나님의 말씀에 대한 믿음으로, 새 생명 가운데서 행하게 하여 주옵소서.[8] 어떤 식으로든 결코 정죄함으로 인해 갈등에 시달리지 않도록 도와주시옵소서. 그 아이가 언제나 성령을 좇아 행할 수 있도록 마음을 주장하여 주옵소서. 또한, 그리스도 예수 안에서 생명의 성령의 법이 죄와 사망의 법에서 우리를 해방하였음을 깨닫게 하소서.[9]

우리 주 예수 그리스도의 이름으로 우리 자녀의 영혼을 괴롭히는 원수들을 대적합니다. 우리 주의 성령의 능력으로, 정죄하는 거짓말들과 제 자녀를 넘어뜨리려는 거짓의 아비 사탄의 비난을 대적합니다.[10] 물러가게 하옵소서. 아버지! 사탄은 믿는 자들을 무고히 정죄하는 자이며,[11] 제 자녀의 믿음과 기쁨을 집어삼키려는 자들이기 때문입니다.[12]

주님! __________가 언제나 피난처 되신 주님께 안전하게 보호받을 수 있도록 지켜 주옵소서.[13] 그리고 믿음으로 악한 영들을 대적할 수 있도록 도와주옵소서. 믿음으로 대적하면, 그 악한 것들과 모든 정죄하는 말들이 일곱 길로 달아나게 된다는 것을 깨닫게 하옵소서.[14]

아버지 하나님! 우리에게 풍성하고 귀한 약속의 말씀들을 주시니 감사드립니다.[15] 이제 ____________가 사망에서 생명으로 옮겨가서,[16] 더 이상 정죄의 덫에 빠지지 않을 것을 믿고 감사하고 기뻐합니다. 주님을 찬양합니다. 할렐루야!

인용성구

(1) 요 8:36, (2) 롬 8:1, (3) 요일 1:9, (4) 갈 5:1, (5) 요 8:36, (6) 요 8:32, (7) 요일 1:7, (8) 롬 6:4, (9) 롬 8:1~2, (10) 요 8:44, (11) 계 12:10, (12) 벧전 5:8, (13) 시 91:2, (14) 약 4:7, (15) 벧후 1:4, (16) 요 5:24

두려움에서 벗어남

Freedom From Fear

믿음으로 가득 찬 마음은 두려워하지 않는다.

"보라, 하나님은 나의 구원이시라. 내가 의뢰하고 두려움이 없으리니, 주 여호와는 나의 힘이시며 나의 노래시며 나의 구원이심이라. 그러므로 너희가 기쁨으로 구원의 우물들에서 물을 길으리로다. 그날에 너희가 또 말하기를 여호와께 감사하라. 그 이름을 부르며 그 행하심을 만국 중에 선포하며 그 이름이 높다 하라"(사 12:2-4).

 기도

제 자녀의 빛이시며 구원자이신 하나님 아버지! 감사합니다. 그에게 이 진리를 밝히 드러내사, 하나님만이 생명의 원천임을 깨닫게 하옵소서. 그리고 이 진리로 인하여 그가 두려워할 필요가 없다는 것을 알게 하소서.[1] 아버지 하나님! 미처 피할 수 없는 두려움 가운데서도 그를 지켜 주시고, 오직 그가 의지할 수 있는 분은 하나님이시라는 믿음으로 실족하지 않게 지켜 주옵소서.[2]

제 자녀 __________에게 주님의 평안을 주시고, 두려움으로부터 그의 마음을 지켜 주옵소서. 아버지! 하나님의 아들 예수 그리스도로 인해 우리 모두에게 평안을 허락하심을 참 감사드립니다.[3]

부디, 주님! __________로 하여금 우리가 다시 두려워하는 종의 영을 받지 않고, 오직 "아바, 아버지"라 부를 수 있는 양자의 영을 받았음을 깨닫게 하여 주시옵소서. 기도하오니, 그리스도와 함께 하나님의 후사로 인정받게 됨을 깨달아, 항상 아버지를 부를 수 있도록 도와주소서.[4]

주님! 주님은 결코 우리를 떠나지도, 버리지도 않을 것이라고 약속하신 진리의 말씀에 의지하여, 제 아이가 "주님이 나를 돕는 자시니, 내가 두려워하지 않겠다. 사람이 나를 어찌 할 수 있겠는가?"라고 담대하게 고백할 수 있게 해 주옵소서.[5]

아버지! 하나님의 사랑 안에서는 두려움이 없습니다. 아버지 하나님의 온전하신 사랑은 모든 두려움을 내어 쫓는 줄로 믿습니다.[6] 부디, 제 자녀를 모든 두려움의 고통으로부터 건져 주옵소서. 우리에게 보내신 성령을 통해 하나님의 사랑이 우리 마음에 부은 바 되었다는 말씀처럼, 그 약속의 말씀을 믿음으로 굳게 붙잡아 하나님의 사랑 안에서 충만하게 하옵소서.[7]

__________가 온 마음을 다해 주를 좇아갈 수 있도록 그 아이를 인도해 주옵소서. 주님이 곁에 계셔서 그의 말에 귀를 기울여 주시고 모든 두려움으로부터 그를 건져 주신다는 것을 깨닫게 하옵소서.[8] 또, 하나님께서 사랑으로 함께 계셔서

그와 동행하신다는 것을 느낄 수 있게 해 주시고, 주께서 평화를 주시며, 모든 두려움을 몰아내 주시리라는 것을 확신할 수 있도록 인도해 주소서.[9] 그가 잠잠히 서서 주의 구원하심을 기다림으로, 모든 두려움을 물리칠 수 있도록 은혜를 베풀어 주시옵소서.[10] 오, 주님! 그를 위해 싸워 주시고, 그에게 평화를 내려 주옵소서. 주의 성령으로 충만하게 능력을 부어 주셔서, 주님이 그와 함께 하심을 느끼게 해 주시고, 주님은 두려움을 주시는 분이 아니시며 오직 능력과 사랑과 근신하는 마음을 주시는 분이라는 것을 깨닫게 하옵소서.[11] 결코 두려워하거나 낙심하지 않도록 인도해 주옵소서.

감사합니다. 주님! __________의 피난처가 되어 주시고, 그의 힘이 되어 주시며, 환난날에 만나는 큰 도움이 되어 주시니 감사드립니다. 땅이 요동하고 산이 흔들려 바다 가운데 빠질지라도, 그가 이 진리의 말씀으로 인해 결코 두려워하지 않게 하여 주옵소서.[12] 그가 어떤 악한 영에 대해서 두려워하지 않도록 도와주소서. 주님이 함께 계시고 주님의 지팡이와 막대기가 안위하시니, 더 이상 두려워할 것이 없습니다.[13]

(1) 시 27:1, (2) 잠 3:25~26, (3) 요 14:27, (4) 롬 8:15~16, (5) 히 13:6, (6) 요일 4:18, (7) 롬 5:5, (8) 시 34:4, (9) 창 26:24, (10) 출 14:13, (11) 딤후 1:7, (12) 시 46:1~2, (13) 시 23:4

# 죄책감에서 벗어남

Freedom From Guilt

하나님은 언제나 참회하는 심령을 용서하신다.

> "만일 우리가 우리 죄를 자백하면, 저는 미쁘시고 의로우사 우리 죄를 사
> 하시며, 모든 불의에서 우리를 깨끗케 하실 것이요"(요일 1:9).

기도

하나님 아버지! 아버지께서는 은혜를 베푸시어 언제나 너그
럽게 자녀들을 용서해 주시니, 참 감사합니다. 제 자녀 _____
_______가 하나님의 아들이신 예수 그리스도께서 중보자가
되어 주셨다는 것을 깨닫게 하여 주옵소서. 우리 죄를 대속해
주신 예수님! 감사드립니다. 죄책감이 양심을 파고들 때마다,
_____________가 이 진리를 항상 마음에 새기게 하여 주옵소
서.[1] 기도하오니, 그 마음에 항상 참회하는 마음을 심어 주셔
서, 죄에서 돌이켜 주를 따르기로 결심할 수 있도록 인도해
주옵소서.[2]

_____________로 하여금 하나님의 말씀을 따라 삼가고 조심하
는 것이, 자신의 길을 깨끗하고 순결하게 지키는 것임을 깨닫
게 하여 주옵소서.[3] 아버지! 구하오니, 그를 강하게 붙잡아 주
셔서, 언제나 온 마음을 다해 주를 찾도록 도와주옵소서. 아

버지의 계명에서 벗어나 방황하지 않도록 도와주시고, 그의 마음 안에 주의 말씀을 두사 범죄치 않게 하여 주옵소서.[4]

아버지! 이제는 더 이상 죄의식이 __________의 삶을 지배할 수 없다는 것을 깨닫게 하소서. 아버지께서 당신의 아들을 희생 제물로 삼아 모든 죄를 사하여 주심으로써, 죄책감이나 정죄로부터 해방시키셨다는 것을 깨닫게 하옵소서. 아버지! 제 자녀를 정죄하지 않으시고 의롭다 하시니, 감사합니다. 기도드리오니, 그 자신도 아버지께서 의롭다 하신 것을 수용하게 하옵소서. 주의 의로우심을 우리 자녀에게 덧입혀 주옵소서. 우리를 의롭게 하시려고 죄 없으신 분이 우리를 위하여 죄인 되셨던 주님! 어찌 찬양을 드려야 할지요?[5] 감사드립니다. 그의 인생 가운데도 이와 같은 의가 드러나게 하옵소서.

제 영혼을 주께 올려 드립니다. 오, 주님! 주님은 선하시며, 언제나 우리를 기꺼이 용서해 주십니다. 주님은 부르짖는 모든 자들에게 한없는 자비를 베푸시는 분이십니다.[6] __________로 하여금 주님은 언제나 우리에게 귀를 기울이시며, 때를 따라 도움을 베풀어 주시는 분임을 깨달아, 은혜의 보좌 앞으로 담대히 나아갈 수 있도록 인도해 주시옵소서.[7]

아버지! __________가 악독과 분노와 격정과 욕설을, 모는 악의와 함께 내어버리겠다는 굳은 맹세를 힐 수 있도록 하여

주옵소서. 그가 항상 다른 사람들을 친절하게 대하게 하시고,
하나님이 그리스도 안에서 그를 용서하신 것처럼 그도 온유
함과 동정하는 마음으로 늘 용서하게 하옵소서.[8]

인용 성구

(1) 요일 2:1~2, (2) 행 11:18, (3) 시 119:9, (4) 시 119:11, (5) 고후 5:21, (6) 시
86:4~6, (7) 히 4:16, (8) 엡 4:30~32

이기적인 마음에서 벗어남

Freedom From Selfishness

죄(sin)의 가운데 글자는 나(I)이다.

"무릇 자기 목숨을 보존하고자 하는 자는 잃을 것이요, 잃는 자는 살리리라"(눅 17:33).

 기도

사랑하는 아버지! 제 자녀 _________로 인해 아버지께 감사드립니다. 기도드리오니, 그가 자기 목숨이 자기만의 것이 아니라, 주께서 피를 흘리심으로써 값을 주고 산 것임을 깨닫게 하셔서, 모든 이기적인 마음을 버릴 수 있도록 인도해 주옵소서.[1] 그가 마땅히 생각해야 할 이상의 것을 생각하지 않도록 해 주시고, 하나님께서 주신 믿음의 분량대로 생각할 수 있도록 도와주시옵소서.[2]

간절히 기도하오니, _________가 항상 친절하고 용서하는 사람이 될 수 있도록 이끌어 주옵소서.[3] 언제나 멸망으로 이끄는 지만심을 버릴 수 있도록 도와주시고,[4] 주의 권위 아래서 마땅히 자신이 있어야 할 자리를 찾을 수 있도록 가르쳐 주옵소서.[5]

하나님! 제 아이들이 이 세상에서 자기 목숨을 사랑하면 그 목숨을 잃게 되고, 자기 생명을 버리면 영생을 얻게 되리라는 것을 깨닫게 하여 주옵소서.[6] 그의 마음에 주께서 가르쳐 주신 진리의 말씀, 즉 "귀를 막아 가난한 자의 부르짖는 소리를 듣지 아니하면, 자기의 부르짖을 때에도 들을 자가 없으리라."[7]하신 말씀을 아로새기게 하옵소서.

__________가 자기 혼자서는 아무 것도 할 수 없다는 것을 깨닫게 하시고, 그가 자기 자신의 뜻이 아니라 주님의 뜻대로만 행하게 하옵소서.[8] 모든 순간마다 그의 나라와 그의 의를 먼저 구할 수 있도록 인도해 주시고,[9] 좀먹거나 녹슬지 아니하는 천국에 보화를 쌓을 수 있도록 도와주옵소서.[10]

오, 주님! 그에게 다른 사람의 짐을 기꺼이 나눠 질 수 있는 마음을 주셔서, 주님의 법을 성취할 수 있도록 인도해 주옵소서.[11] 부디 그가 선한 일을 행함에 있어서 낙심하지 않도록 인도해 주시고,[12] 그가 언제나 사려 깊은 행동을 할 수 있도록 이끌어 주소서. 간구하오니, __________가 항상 주님의 선한 청지기로서 책망할 것 없이 행하고자 노력하게 하시고, 방자함과 분노, 욕심, 부패된 것으로부터 자신을 지킬 수 있도록 인도해 주옵소서. 주님! 그가 언제나 남을 잘 대접하고, 선을 사랑하며, 자신을 절제할 줄 알고, 올곧으며, 거룩하고, 근신하는 사람이 될 수 있도록 도와주소서. 아버지! __________

가 그간 배운 신실한 말씀들을 굳게 붙들어서, 경건한 교훈으로 다른 사람을 권면하고, 이에 반대하는 자들을 능히 책망할 수 있는 능력을 갖게 하여 주옵소서.[13]

인용 성구

(1) 고전 6:19~20, (2) 롬 12:3, (3) 엡 4:32, (4) 잠 16:18, (5) 딤후 1:2, (6) 요 12:25, (7) 잠 21:13, (8) 요 5:30, (9) 마 6:33, (10) 마 6:20, (11) 갈 6:2, (12) 갈 6:9, (13) 딛 1:7~9

세속적인 것에서 벗어남
Freedom From Worldliness
두 마음을 품은 사람은 모든 일에 평안이 없다.

"그러므로 형제들아, 내가 하나님의 모든 자비하심으로 너희를 권하노니, 너희 몸을 하나님이 기뻐하시는 거룩한 산 제사로 드리라. 이는 너희의 드릴 영적 예배니라. 너희는 이 세대를 본받지 말고, 오직 마음을 새롭게 함으로 변화를 받아, 하나님의 선하시고 기뻐하시고 온전하신 뜻이 무엇인지 분별하도록 하라"(롬 12:1-2).

기도

오, 사랑의 아버지 하나님! 아버지를 진정으로 사랑합니다. 그리고 제 자녀 ＿＿＿＿＿＿＿로 인하여 감사를 드립니다. 기도드리오니, 그가 이 세상의 일들보다 주님을 위한 중요한 일들에 관심을 기울일 수 있도록 인도해 주소서.

그가 이 세대를 본받지 않고, 오직 마음을 새롭게 함으로써 변화를 받아, 주님의 뜻을 분별하여 그 뜻을 따를 수 있도록 인도해 주옵소서.[1]

세상과 벗하는 것이 하나님과 원수가 되는 것임을 깨달을 수 있게 하여 주시고,[2] 이 세상과 구별된 천국 시민권자가 되게 하옵소서. 그리고 그가 모든 세상 정욕과 불건전한 것들을 버

리고, 오직 이 세상에서 근신하며 의롭고 경건하게 살 수 있
도록 도와주시옵소서.[3]

하나님께서 이 세상의 지혜를 미련한 것이 되게 하시고,[4] 이
세상의 헛된 신들이 많은 이들의 눈을 멀게 하였으며,[5] 이 세
상의 근심은 죽음을 불러온다는 것을 깨달을 수 있도록 인도
해 주옵소서.[6]

오, 주님! __________가 항상 아버지 나라의 대사ambassador
가 될 수 있도록 도와주시고,[7] 항상 이 세상에서 빛이 될 수
있도록 인도해 주옵소서.[8] 주님! 그가 이 세상에 물들지 않도
록 지켜 주소서.[9]

__________가 이 세상에 속한 것들은 모두 없어져도,[10] 주의
말씀은 영원불변하다는 진리를 깨닫게 하소서.[11] 외식적인 겸
손함으로 가장하고 천사 숭배를 행하는 자들로부터 그가 상
을 빼앗기지 않도록 인도해 주옵소서.[12] 이 세상의 풍조를 좇
고 공중의 권세 잡은 자들과 불순종의 자녀들 사이에서 역사
하고 있는 악한 영들을 따라 살지 않도록, 그를 지켜 주옵소
서.[13] 오, 아버지! 이 악한 세대에서 __________를 지켜 주옵
소서.[14]

기도하오니, 제 아이가 이 세상이나 이 세상에 속한 것들을

사랑하지 않도록 지켜 주옵소서. 오, 주님! 언제나 오직 마음을 다하고, 목숨을 다하고, 뜻을 다하고, 힘을 다하여 주 하나님만을 사랑하는 법을 배우게 하여 주옵소서.[15] 제가 간절히 간구하기는, 그가 이 세상을 사랑하면, 하나님의 사랑이 그 사람에게 없다는 것을, 온전히 깨닫게 하여 주옵소서.[16] 아버지! 그가 이 세상의 유혹 - 이생의 자랑과 육신과 안목의 정욕[17] - 을 뿌리칠 수 있도록 성령의 능력을 주시옵소서.

인용 성구

(1) 롬 12:~2, (2) 약 4:4, (3) 딛 2:12, (4) 고전 1:20, (5) 고후 4:4, (6) 고후 7:10, (7) 고후 5:20, (8) 빌 2:15, (9) 약 1:27, (10) 고전 7:31, (11) 마 24:35, (12) 골 2:18, (13) 엡 2:2, (14) 갈 1:4, (15) 마 22:37, (16) 요일 2:15, (17) 요일 2:16

근심에서 벗어남

오직 하나님을 믿으라.

"우리가 알거니와 하나님을 사랑하는 자, 곧 그 뜻대로 부르심을 입은 자들에게는 모든 것이 합력하여 선을 이루느니라"(롬 8:28).

기도

하나님, 아버지! 감사합니다. 걱정, 근심, 두려움으로부터 우리를 자유하게 하시니 감사드립니다. 아버지! 제 자녀를 위해 기도드립니다. 간절히 바라기는, 주님이 그를 온전히 돌보고 계심을 깨달아서, 모든 걱정을 주님께 내어 맡길 수 있도록 도와주소서.[1] 하나님께서 끊임없이 그들을 부르시는 것은, 쉼을 주시고 모든 걱정의 짐을 벗어 버리게 하기 위함임을 깨닫게 하여 주옵소서.[2]

영원한 시간에 비추어 볼 때, 진정으로 걱정할 만한 가치가 있는 것은 많지 않다는 것을 _________가 깨달을 수 있게 해 주소서. 과거의 일이나 현재 일이나 장래 일이나 그 어떤 것이라도, 우리 주 예수 그리스도 안에 있는 하나님의 사랑에서 우리를 끊을 수 없습니다.[3] 아버지께서 그의 인생을 통해 아버지의 뜻을 이루시고자 끊임없이 역사하고 계신다는 확신

을 갖게 하시고, 아버지 하나님은 모든 것의 주인이 되신다는
것을 깨닫게 하소서. 기도하오니, 그가 좀 더 일찍 하나님을
신뢰하는 법을 배우게 해 주시고, 하나님은 언제나 하나님의
영광을 위하여 모든 쓸 것을 채워 주시는 분임을 믿게 하여
주옵소서.[4]

주님! 주님의 끝없는 사랑으로 제 자녀를 모든 두려움과 근심,
걱정으로부터 건져 주시옵소서. 기도하오니, ＿＿＿＿＿＿＿가
주님의 완전한 사랑만이 모든 두려움을 내어 쫓는다는 진리
의 말씀을 항상 기억하게 하옵소서.[5] 아버지! 아버지께서 당
신의 나라를 우리에게 주시기를 기뻐하시니,[6] 두려워 말라고
말씀하시지 않았습니까? 그의 마음속에 이 진리의 말씀을 속
삭여 주옵소서.

오, 주님! 그가 무슨 일에든지 근심하지 말라고 하신 주님의
명령에 순종할 수 있도록 도와주옵소서. 부디, 그가 어떤 일
에도 근심하지 않게 하시고, 오직 자기 시간을 주의 말씀을
읽고 기도하는 것에 투자하게 하시고, 자신의 간절한 소원을
감사함으로 주께 아뢰게 하여 주소서. 그리하면, 모든 지각에
뛰어난 하나님의 평강이 그리스도 예수 안에서 그의 마음과
생각을 지켜 주시리라 믿습니다.[7] 주님! 우리에게 기도와 찬
양을 주셔서, 걱정과 근심으로부터 벗어나게 하시니 참 감사
드립니다.

부디, __________에게 은혜를 베푸사, 내일 일을 염려하지 않게 하시고, 내일 일은 내일 생각하게 하소서. 그가 하루를 사는 동안 그날 하루에 충실하는 법을 배우게 하옵소서. 주께서 한 날 괴로움은 그날로 족하다고 우리에게 말씀하셨기 때문입니다.[8]

제 아이가 하나님의 약속의 말씀 위에 굳게 설 수 있도록 인도해 주소서. 아버지의 생명의 말씀이야말로 걱정과 근심을 치료하는 완벽한 치료제가 되어서, 우리 마음 안에 믿음을 바로 세워 주기 때문입니다.[9] 아버지! __________를 돌봐 주시니 감사합니다. 제 자녀를 주님의 손에 맡깁니다. 주님께서 언제나 그를 잘 돌봐 주시리라고 믿습니다.[10]

(1) 벧전 5:7, (2) 마 11:28, (3) 롬 8:38~39, (4) 빌 4:19, (5) 요일 4:18, (6) 눅 12:32, (7) 빌 4:6~7, (8) 마 6:34, (9) 롬 10:17, (10) 딤후 1:12

# 경건함과 거룩함

Godliness and Holiness

거룩한 삶이 불행하다면 그것은 모순이다.

"너희 권능 있는 자들아, 영광과 능력을 여호와께 돌리고 돌릴찌어다. 여
호와의 이름에 합당한 영광을 돌리며, 거룩한 옷을 입고 여호와께 경배할
찌어다"(시 29:1-2).

 기도

오, 하나님! 제 자녀에게 거룩한 아름다움에 대해 가르쳐 주소
서.[1] 아버지께 합당한 영광을 돌리는 것과, 거룩함으로 아름답
게 덧입고 주께 경배하는 것이 얼마나 중요한 것인지 그로 하
여금 깨닫게 하여 주옵소서.[2] 아무리 눈에 띄고 매력적이라
할지라도, 거룩한 아름다움과 맞바꾸지 않게 하소서. 아버지
하나님! 간절히 구하오니, 그에게 청결한 마음을 허락하셔서,
주님을 뵙는 축복을 누리게 하소서.[3]

전능하신 하나님! 제 자녀를 언제나 원수의 손에서 건져 주시
고, 그의 평생 동안 거룩함과 의로 두려움 없이 주를 섬길 수
있도록 은혜를 베풀어 주소서.[4] 주님께서는 이미 _________
에게 주의 거룩한 권능으로 생명과 경건에 이르게 하는 데 필
요한 모든 것을 공급해 주셨습니다.[5] 그로 하여금 이를 깨닫

게 해 주시고, 아버지! 그의 마음에 역사하셔서, 그 아이가 진
정으로 의와 경건과 믿음과 사랑과 인내와 온유한 마음과 같
은 거룩한 아름다움을 추구할 수 있도록 인도해 주소서.[6]

그로 하여금 하나님을 존경하고 경외하게 하시며, 하나님의
온전하신 거룩함에 다가가기 위해 열정을 갖게 하여 주옵소
서.[7] 부디, 그가 마음을 새롭게 하기 위해 부단히 노력함으로
써, 참된 의로움과 거룩함으로 지음 받은 새 사람을 덧입게
하여 주옵소서. 모든 거짓을 버리고, 언제나 진실을 말할 수
있도록 이끌어 주시옵소서.[8]

주님의 흠 없는 거룩함 속에 그 아이의 마음을 굳게 세우셔
서, 주님이 오실 그날에 그가 주 앞에서 부끄럼 없이 설 수 있
도록 인도해 주소서.[9] 간절히 기도드립니다. 주님! 그가 언제
나 모든 사람들과 더불어 화평하게 지내며, 주 앞에서 거룩한
삶을 살기 위해 힘쓸 수 있도록 도와주소서.[10] 그로 하여금,
자족하는 마음이 있으면 큰 유익이 있다는 것을 깨닫게 하여
주소서.[11]

![인용성구]

(1) 대상 16:29, (2) 시 29:2, (3) 마 5:8, (4) 눅 1:75, (5) 벧후 1:3, (6) 딤전 6:11,
(7) 고후 7:1, (8) 엡 4:24~25, (9) 살전 3:13, (10) 히 12:14, (11) 딤전 6:6

슬픔에 빠진 자녀

The Grieving Child

모든 위로는 하나님으로부터 온다.

"여호와는 마음이 상한 자에게 가까이 하시고, 중심에 통회하는 자를 구원하시는도다"(시 34:18).

 기도

사랑하는 아버지 하나님! 아버지는 모든 위로의 하나님이십니다.[1] 하나님께서 지금 제 자녀 __________에게 도움의 손길을 펼쳐 주시기를 간절히 기도합니다.[2] 그가 __________에서 실패를 당하게 되었습니다. 그 아이가 주 앞에 나아가 자신의 모든 마음을 쏟아놓을 수 있도록 인도해 주소서. 주님이 그의 피난처가 되어 주신다는 것을 온전히 깨닫게 하여 주소서.[3]

__________에게 좋은 목자가 되어 주시니 감사드립니다.[4] 그를 쉴 만한 물가로 인도하시고 그의 영혼을 소생시켜 주시니, 감사드립니다. 그를 푸른 초장에 누이시고, 주님의 이름을 위하여 의의 길로 인도하여 주옵소서. 주님이 그 아이와 함께 계시고, 주의 지팡이와 막대기가 안위해 주시니, 그가 어떤 악한 것이라 할지라도 두려워할 필요가 없다는 것을 확

실히 깨달을 수 있게 해 주옵소서.[5] 주님! 그를 평안으로 인도
해 주시니, 감사합니다.

__________로 하여금, 애통하는 자가 위로를 받는다는 것을
알게 하시고,[6] 주님은 언제나 상한 심령을 치료하시며,[7] 상처
를 싸매어 주시는 분이시기에,[8] 그의 슬픔이 변하여 기쁨이
되게 하시리라는 믿음을 갖게 해 주옵소서.[9] 오, 주님! 그로
하여금, 주님께서 이 세상과 이 세상의 모든 슬픔을 이기셨
다는 것을 기억하게 해 주소서.[11] 죽음도, 슬픔도, 눈물도, 고
통도 없는 때가 곧 오리라는 것을 __________가 믿을 수 있
게 해 주소서.[12]

하나님! 모든 지식을 초월하는 하나님의 평강으로 그의 마음
을 채워 주소서.[13] 밤에 눈물을 흘릴지라도 아침에는 기쁨이
오리라는 것을 고요한 중에 말씀하여 주소서.[14] 제 아이의 눈
물을 닦아 주시고[15] 제가 환란을 당할 때에 주님이 저에게 주
셨던 그 평안을 이제 그에게도 허락해 주옵소서.[16]

그가 고통스러워할 때 믿음을 더하여 주시고,[17] 그 구원의 기
쁨을 다시 회복시켜 주소서.[18] 간구하오니, 그가 자신의 지혜
를 의지하지 않고, 온 마음을 다해 주를 신뢰하고, 믿음으로
주께 손을 내밀어 당신의 손을 붙잡게 하소서. 아버지여! 슬
픔이 다가오는 날에도 은혜를 베풀어 주셔서, 그가 하나님을

인정할 수 있게 하시고, 하나님이 자기의 길을 인도해 주시리라는 확신을 갖게 해 주소서.[19] 하나님! __________를 사랑하셔서 치료해 주시고,[20] 희망[21]과 사랑,[22] 믿음,[23] 확신,[24] 평화[25]로 그의 인생을 축복해 주시니 감사드립니다. 그가 주께 가까이 나아가고자 할 때, 그를 더 가까이 끌어안아 주소서.[26] 주님! 감사합니다.

인용 성구

(1) 고후 1:3, (2) 시 46:1, (3) 시 62:8, (4) 요 10:11, (5) 시 23, (6) 마 5:4, (7) 눅 4:18, (8) 시 147:3, (9) 시 30:11, (10) 요 16:20, (11) 요 16:33, (12) 계 21:4, (13) 빌 4:7, (14) 시 30:5, (15) 롬 12:15, (16) 고후 1:4, (17) 눅 17:5, (18) 시 51:12, (19) 잠 3:5~6, (20) 사 61:1, (21) 골 1:23, (22) 롬 8:28, (23) 고전 16:13, (24) 살후 2:2, (25) 요 14:27, (26) 약 4:8

주 안에서 성장하기
Growing in Christ

하나님의 말씀은 영적인 성장을 도모한다.

"오직 사랑 안에서 참된 것을 하여, 범사에 그에게까지 자랄찌라. 그는 머리니 곧 그리스도라"(엡 4:15).

기도

감사합니다. 하나님! 영적 성장은 크리스천의 삶에서 마땅히 있어야 하는 것인데, __________가 주 예수 안에서 성장할 수 있도록 도와주시니 감사드립니다. 또, 그 안에서 아버지의 선하신 뜻을 위하여 소원을 두고 역사하고 계신 줄로 믿습니다.[1] 그를 이처럼 양육해 주시고 그 가는 발걸음마다 인도해 주시니 참 감사합니다.

제 아이가 모든 악독과 궤휼, 위선과 시기, 비방하는 말을 버리게 하시고, 새로 태어난 갓난아이같이 순전하여, 신령한 젖을 사모함으로써 자라나게 하소서.[2]

__________가 산 돌과 같이, 당신의 신령한 집을 짓는데 초석이 되게 하시고, 오, 아버지 하나님! 주 예수 그리스도로 인하여 하나님이 기뻐 받으시는 예배사가 되게 하소시.[3]

그가 사랑 안에서 진리를 말함으로 하나님의 말씀을 따라 살게 하시고, 그리스도의 장성한 분량에 이르기까지 인도해 주옵소서.[4]

아버지! ___________가 은혜와 우리 주 예수 그리스도를 아는 지식 안에서 자라게 하시니 감사합니다. 이제도, 영원까지 하나님께 영광을 돌립니다. 아멘.[5]

(1) 빌 2:13, (2) 벧전 2:1~2, (3) 벧전 2:5, (4) 엡 4:15, (5) 벧후 3:18

행복

행복은 하나님과 우리 자신의 결합이다. – 파스칼

"네 자식을 징계하라. 그리하면 그가 너를 평안하게 하겠고, 또 네 마음에 기쁨을 주리라. 묵시가 없으면 백성이 방자히 행하거니와 율법을 지키는 자는 복이 있으니라"(잠 29:17-18).

 ## 기도

아버지, 당신은 빛의 아버지시니, 변함도 없으시고 회전하는 그림자조차 없으십니다.[1] 아버지여, 간구하오니, 제 자녀로 하여금, 현세와 내세에 행복을 누리게 하여 주옵소서.

행복은 아버지의 말씀에 순종하는 것에서 비롯된다는 진리를 깨닫게 하옵소서.[2] 그가 아버지 하나님께 훈계를 받을 때에도, 하나님께서 그의 삶 속에서 역사하고 계시다는 것을 확실히 깨달아 행복할 수 있도록 도와주소서. 그리고 결코 주님의 꾸짖음을 거절하지 않게 하여 주옵소서.[3]

아버지, 감사합니다. 의인은 그 소망하는 바를 기쁨으로 거둔다고 하셨사오니, 감사드립니다.[4] 제 자녀의 마음이 주 앞에서 행복하고, 기쁨으로 넘치게 해 주소서. 즐거운 마음이 그 아이에게 약이 될 줄로 믿습니다.[5] 그리고 그로 하여금, 행복의 열쇠는 주께서 산에서 많은 사람들에게 가르쳐 주셨던 것처럼 평화, 온유, 겸손, 자비, 청결함, 영적인 것에 주린 마음인 것을 알게 하여 주옵소서.[6] 그가 이 가르침대로 일생을 살게 하여 주옵소서.

주님! 제 자녀의 마음에 즐거움이 넘쳐나게 하시고, 밝은 얼굴로 그것을 드러내게 하옵소서.[7] 오, 주님! 그의 마음에 정의를 사랑하고 악을 미워함으로[8] 기쁨이 충만하게 하옵소서.[9] 아버지 하나님! 의인의 소망은 주께서 우리의 마음 가운데 허락하신 기쁨에 근거한 것임을 믿습니다.[10]

주님! 주의 앞에는 기쁨이 충만하고 주의 우편에는 영원한 즐거움이 있다는 것을 _________에게 때를 따라 가르쳐 주옵소서.[11] 주는 우리의 찬송 중에 거하시며,[12] 그로 인하여 즐거이 부르며 기뻐하신다는 것을 깨닫게 하여 주옵소서.[13] 그가 시와 찬미와 신령한 노래로 화답하고, 주님께 노래하며 찬송할 수 있게 도와주소서. 또, 그 아이가 모든 일에 우리 주 예수 그리스도의 이름으로 하나님께 감사하게 하여 주옵소서.[14]

제 자녀의 마음을 기쁨과 즐거움으로 채워 주시고, 주님! 그에게 진정한 기쁨과 행복의 원천은 주를 따르는 것임을 깨달

을 수 있도록 지혜를 주옵소서.[15]

 인용성구

(1) 약 1:17, (2) 잠 29:18, (3) 욥 5:17, (4) 잠 10:28, (5) 잠 17:22, (6) 마 5:2~9,
(7) 잠 15:13, (8) 시 45:7, (9) 시 4:7, (10) 잠 10:28, (11) 시 16:11, (12) 시 22:3,
(13) 습 3:17, (14) 엡 5:19~20, (15) 행 14:17

마음의 상처 치유

Healing for Emotional Hurts

하나님은 모든 상처에 길르앗의 향유를 부어 주신다.

"주의 성령이 내게 임하셨으니, 이는 가난한 자에게 복음을 전하게 하시려고, 내게 기름을 부으시고, 나를 보내사 포로 된 자에게 자유를, 눈먼 자에게 다시 보게 함을 전파하며, 눌린 자를 자유케 하고"(눅 4:18).

 기도

아버지, 하나님! 이 순간, 주님의 이름으로 당신께 나아갑니다.[1] 제 자녀의 인생에서 어떤 경험으로 인해 마음의 상처를 입고 고통 받고 있기에, 사랑의 주님 앞에 그를 올려 드립니다. 부디, 사랑하는 아버지시여! 그의 마음을 치유해 주시고, _________로 인한 모든 부정적인 영향들을 그의 삶에서 말끔히 씻어 주옵소서.

_________가 주님과 동행하는 법을 배우게 해 주시고, 그가 자신의 지혜를 의지하지 아니하고, 온 마음을 다해 주를 신뢰하고 의지할 수 있도록 가르쳐 주시옵소서. 항상 그 아이가 주님께 자기의 길을 의탁하고, 일생 동안 끊임없이 주님의 치유의 능력을 인정하게 하옵소서. 주께서 그의 길을 인도해 주시리라 믿습니다.[2]

그에게 당신의 길을 가르쳐 주옵소서.[3] 간구하오니, 주의 말씀을 그의 마음에 새겨 주셔서 주께 범죄하지 않게 하여 주소서.[4] _________로 하여금 청년이 그 행실을 깨끗케 하려면, 주의 말씀을 따라 삼가야 한다는 것을 깨닫게 해 주옵소서[5]

그리스도께서 자유케 하셨으므로, _________가 그 자유 안에 굳건히 서게 하여 주소서. 그리고 그가 다시는 종의 멍에를 메지 않도록 도와주소서.[6] 그에게 잘못을 행한 자들도 용서할 수 있도록 도와주시고,[7] 오, 주님! 그가 마땅히 받아야 할 사랑을 받지 못했다면, 이제 그 사랑을 충만히 채워 주소서.[8]

당신의 사랑을 보여 주소서.[9] 그가 주님의 사랑 안에서 안전하게 나아갈 수 있게 하소서.[10] 갈보리 십자가에서 돌아가신 예수 그리스도로 인하여 _________는 새 생명을 얻었습니다.[11]

주님! 그가 새 생명 가운데 거할 수 있도록 기도합니다.[12] 이처럼 상처 입은 자들에게 자유를 주시니, 감사드립니다.[13] 그에게 하나님의 성령을 부으사, 기운을 북돋아 주시고[14], 자유[15]와 위로를 주시니[16] 감사를 드립니다.

선한 목자 되시는 우리 주님! _________ 마음속의 모든 상처와 고통을 치유해 주옵소서. 그리고 주님의 이름을 위하여

의의 길로 인도해 주옵소서.[17]

 인용 성구

(1) 요 16:24, (2) 잠 3:5~6, (3) 시 27:11, (4) 시 119:11, (5) 시 119:9, (6) 갈 5:1, (7) 엡 4:32, (8) 요일 4:18~19, (9) 롬 8:39, (10) 엡 3:18~20, (11) 롬 6:4, (12) 계 21:5, (13) 눅 4:18, (14) 시 48:14, (15) 롬 8:21, (16) 시 86:17, (17) 시 23:3

질병의 치유

Healing for Physical Illness

하나님은 우리를 사랑하시기에 우리를 치료해 주신다.

"나는 너희를 치료하는 여호와임이니라"(출 15:26).

 기도

하나님 아버지! 감사합니다. 아버지는 우리를 사랑하시며, 우리를 치료해 주기 원하시는 분이심을 알기에, 감사를 드립니다. 이 시간, 아버지 앞에 저와 제 자녀 __________를 위해 기도합니다. 그가 지금 __________로 고통 받고 있습니다. 아버지! 기도하오니, 그의 몸을 치유해 주시고, 하나님 안에서 깨끗이 나아 온전하게 하소서.

하나님은 길르앗의 향유이시며,[1] 우리를 치유하시는 여호와이십니다. 우리의 체질을 아시는 하나님께서는,[2] 고침 받기 위해 우리에게 무엇이 필요한지 모든 것을 알고 계십니다. 주님! 주님께서는 당신에게 나온 자들을 모두 치유해 주셨습니다.[3] 성경에도, 하나님은 치료하시는 여호와시라고 증거하고 있습니다.[4] 주님께서는 우리의 연약한 것과 질병까지 감당해 주시는[5] 변함없이 동일하신 분임을 믿습니다.[6]

주님께서는 우리가 서로를 위해 기도할 때, 병이 나을 것이며,[7] 또, 믿음의 기도는 병든 자를 구원하고, 주께서 그를 일으켜 세운다고 말씀하셨습니다.[8]

주의 신실하신 성품과 주의 말씀에 의지하여, 제가 지금 __________를 당신께로 데리고 나왔습니다. 주님께 간절히 기도합니다. 주께서 이 땅에 계실 때, 절름발이와 소경과 모든 고통 받는 자들을 치유해 주셨던 것처럼,[9] 제 아이를 치료해 주소서. 하늘과 땅의 모든 권세가 주의 것임을 믿습니다.[10] 당신의 능력의 손으로 __________를 고쳐 주옵소서.

주님! 성령의 날개 위에 치료의 광선을 보내어 주소서.[11] 자비로운 주님께서 그 아이의 치료자가 되어 주시겠다고 약속하셨지 않습니까? 주님! 간구하오니, 그에게 이러한 고통을 거두어 가소서.

내 안에 있는 모든 것을 다해 주의 거룩하신 이름을 찬양하며 주께서 베푸신 크신 은혜를 결코 잊지 않을 것은, 주께서 우리의 모든 부정함을 용서하시고 친히 모든 질병을 고치셨기 때문입니다.[12]

오, 주님! 주님 안에 소망이 있습니다. 그로 인해 제가 주를 찬양하나이다.[13] __________를 건강하게 하시고, 치료해 주

시니 감사합니다. 주의 이름 앞에 세세토록 영광과 찬송과 경
배를 드립니다. 아멘.

인용 성구

(1) 렘 8:22, (2) 시 139:14, (3) 마 9:35, (4) 출 15:26, (5) 마 8:17, (6) 히 13:8, (7)
약 5:16, (8) 약 5:15, (9) 눅 4:40, (10) 마 28:18, (11) 말 4:2, (12) 시 103:3, (13)
시 42:11
기타 인용 성구: 마 10:8, 사 53:5, 시 107:20, 사 58:8, 렘 30:17, 막 16:18, 고전
12:28, 약 5:14, 벧전 2:24

건강한 자아상

A Healthy Self-Concept

각 사람은 하나님의 형상대로 지음 받았다.

"내가 주께 감사하옴은 나를 지으심이 신묘막측하심이라. 주의 행사가 기이함을 내 영혼이 잘 아나이다. 내가 은밀한데서 지음을 받고, 땅의 깊은 곳에서 기이하게 지음을 받은 때에, 나의 형체가 주의 앞에 숨기우지 못하였나이다. 내 형질이 이루기 전에 주이 눈이 보셨으며, 나를 위하여 정한 날이 하나도 되기 전에 주의 책에 다 기록이 되었나이다"(시 139:14~16).

기도

하나님 아버지! 당신의 영원하신 사랑에 감사와 찬양을 드립니다. 이 시간 기도드립니다. 제 자녀 __________를 지켜 주시고, 항상 아버지의 그 지극하신 사랑과 은혜를 느끼며 살도록 인도해 주옵소서. 그로 하여금, 육체를 좇지 않고 하나님의 성령을 좇아 행하는 자에게는 결코 정죄함이 없다는 것을 깨닫게 해 주시옵소서.[1] 또, 날마다 성령을 좇아 행하는 법을 가르쳐 주시고, 영적인 생명과 평안을 체험할 수 있도록 인도해 주소서.[2] 이 세상의 높음이나 깊음이나 그 어떤 것이라도 하나님의 불가항력적인 사랑에서 우리를 끊을 수 없다는 것을 깨닫게 하여 주옵소서.[3]

간절히 기도합니다. __________가 주님의 은혜와 주님을 아는 지식 안에서 항상 자라가되,[4] 주님이 그를 사랑하고 인정하시며 온전한 모습으로 보시는 것같이, 그 자신도 그런 모습으로 자신을 볼 수 있게 해 주소서.[5] 아버지! 감사드립니다. 당신의 형상대로 창조하시고,[6] 모든 악에서 구원하기 위해 독생자를 주시기까지 하셨습니다.

__________로 하여금, 자신이 우리 주 예수 그리스도 안에서 새로운 피조물이 되었다는 것을 깨닫게 해 주옵소서. 주님께서 자신을 새롭고 놀라운 작품으로 만들어 가고 있다는 사실을 알게 하시고, 이전 것은 이미 지나갔으며, 주님께서는 그를 위해 모든 것을 새롭게 하시니,[7] 감사합니다.

아버지! 그를 어둠의 권세에서 건져 주시고, 아버지의 나라로 옮겨 주시니[8] 감사합니다. 그가 이전의 부정적인 자아상을 벗어버리고, 오직 주의 형상을 따라 새로워진 새 사람을 덧입게 하여 주옵소서.[9]

주님! 주의 성령으로 __________를 변화시켜 주시고, 주님의 형상을 따라 영광의 영광에 이르게 하여 주시니, 감사 드립니다.[10] 또 주께서 그를 사랑하신 것처럼, 그도 사신을 사랑할 수 있도록 도와주옵소서.

아버지! __________가 부디, 영적으로 성숙해지고, 주의 뜻을 이루는 데 온전히 헌신하게 하옵소서.[11] 그가 약할 때 주의 능력은 더 완전해진다는 것을 깨닫게 하여 주소서.[12] 아버지께서는 우리를 당신의 소원대로 끊임없이 조성하고 빚어 주시니 감사드립니다. 제 아이도 이 진리를 깨달을 수 있도록 인도해 주소서.

(1) 롬 8:1, (2) 롬 8:6, (3) 롬 8:38~39, (4) 벧후 3:18, (5) 골 2:10, (6) 창 1:26, (7) 고후 5:17, (8) 골 1:13, (9) 골 3:10, (10) 고후 3:18, (11) 골 4:12, (12) 고후 12:9

가족

The Immediate Family

행복한 가족은 천국을 미리 맛본다. – 존 바우링

"만일 여호와를 섬기는 것이 너희에게 좋지 않게 보이거든, 너희 열조가 강 저편에서 섬기던 신이든지 혹 너희의 거하는 땅 아모리 사람의 신이든지 너희 섬길 자를 오늘날 택하라. 오직 나와 내 집은 여호와를 섬기겠노라"(수 24:15).

 기도

아버지 하나님! 아버지는 외로운 자에게 가정을 주시고,[1] 고아의 아버지가 되어 주시겠다고 약속하셨습니다.[2] 사랑의 하나님! 우리 가족들을 위해 기도합니다. 우리 가족이 나갈 때나 들어올 때나 지켜 주시고, 언제나 주의 영원하신 팔 아래 거할 수 있도록 지켜 주소서.[3]

하나님 아버지! 우리 가족을 축복해 주소서. 모든 악으로부터 안전하게 보호해 주소서.[4] 울타리로 저희를 감싸 주시고,[5] 안전하게 거할 수 있게 하여 주소서.[6] 아버지! 그리스도 인에서 하늘에 속한 모든 신령한 복늘로 우리 가족을 채워 주시니, 감사 드립니다.[7]

지혜로 말미암아 집이 일어서고, 명철로 인해 굳건해진다는 것을 항상 기억하게 하여 주소서.[8] 지식으로 말미암아 가정이 귀하고 아름다운 보화로 가득 채워진다는 것을 명심하게 하소서.[9]

오, 주님! 주님께서 의인의 집은 많은 보화가 쌓이고[10] 악한 날에도 견고히 서리라고 약속해 주셨습니다.[11] 감사합니다. 저는 그 약속을 믿고, 제 가정을 위한 말씀으로 받아들입니다.

"주 예수를 믿으라 그리하면 너와 네 집이 구원을 얻으리라" 하신 약속의 말씀을 믿으며 간구합니다.[12] 아버지! 우리 가족 모두에게 이 같은 축복을 내려 주시니, 감사드립니다.

주의 권능 아래서 한 가족이 함께 기도할 수 있도록 저희를 인도해 주시고, 결코 주를 저버리지 않도록 인도해 주소서. 여호수아와 그의 가족들처럼, 저희도 사는 날 동안 그 무엇보다 주님만을 섬기기로 마음을 정하였습니다. 제 가족을 보살펴 주시고 축복해 주소서. 제가 항상 주를 먼저 생각할 수 있게 도와주시고, 주께서 베풀어 주신 모든 은혜와 제 가족들에게 베풀어 주신 은혜를 항상 기억하게 하옵소서.

인용 성구

(1) 시 68:6, (2) 시 68:5, (3) 신 33:27, (4) 잠 29:25, (5) 욥 1:10, (6) 레 25:18, (7) 엡 1:3, (8) 잠 24:3~4, (9) 잠 24:3~4, (10) 잠 15:6, (11) 잠 12:7, (12) 행 16:31

주님이 주시는 기쁨

진정한 기쁨은 내면에서 나오는 것이지, 환경에 의한 것이 아니다.

"너희 믿음의 시련이 불로 연단하여도 없어질 금보다 더 귀하여 예수 그리스도의 나타나실 때에 칭찬과 영광과 존귀를 얻게 하려 함이라. 예수를 너희가 보지 못하였으나 사랑하는도다. 이제도 보지 못하나 믿고 말할 수 없는 영광스러운 즐거움으로 기뻐하니"(벧전 1:7-8).

 기도

아버지! 기쁨을 주시니 감사합니다. 느헤미야가 고백한 대로, 하나님이 주시는 기쁨이 우리의 힘이 됩니다.[1] 제 자녀 ＿＿＿＿＿＿＿＿에게도 이런 기쁨을 주소서. 그리고 항상 기뻐하고, 쉬지 말고 기도하며, 범사에 감사할 수 있도록 인도해 주소서.[2] 제가 주 안에서 기뻐하며, 주께서 제게 주신 자녀들로 인하여 기뻐합니다. 저는 주께서 우리 가족에게 단비처럼 내려 주시는 은혜를 인하여 영원히 찬양하고 기뻐할 것입니다.[3]

우리 주 하나님, 전능하신 아버지께서 영원토록 저희를 다스리시리라는 생각에 마음이 떨립니다.[4] ＿＿＿＿＿＿＿도 이처럼 아버지를 향하여 존경과 기쁨, 경외하는 마음을 갖게 하여 주소서. 오, 주님! 이리한 마음으로 주님을 찬송하며 감사하

므로 그 문에 들어가 주의 궁정에서 찬송하게 하소서.[5] 그에
게 찬송과 경배의 위력을 알게 하시고, 하나님을 찬송할 때
언제나 마음에 기쁨이 넘침을 깨닫게 하여 주소서.

제 자녀에게 감사하는 마음을 주소서. 요즘 세대는 감사하는
마음을 많이 잊어버렸습니다. 그가 늘 주님께 감사하는 마음
을 표현할 수 있도록 인도해 주소서. 그리고 아버지께서 그
의 삶 속에서 끊임없이 역사하고 계시다는 것을 믿게 하소서.
오직 성령으로 충만하여,[6] 주님을 소리 높여 찬양하고 기쁨으
로 주를 섬기게 하소서. 아버지! 그 아이가 주의 보좌로 나아
가게 하소서. 기쁨으로 주를 청종하게 하시고, 노래하며 주의
전에 나아가게 하소서. 오, 하나님! 아버지께서 행하신 모든
일들로 인하여 감사하고, 구원자이신 그리스도를 믿게 된 것
을 감사하게 하소서. 주님이 자신을 만드셨고, 자신은 영원한
주님의 자녀이며 그의 기르시는 양이라는 것을 깨달아 알게
하소서. 전능하신 주의 이름을 찬양하게 하소서.[7]

제 자녀로 하여금 주님의 영광이 온 땅에 나타나는 그 날이
오면, 크나큰 기쁨을 맛보게 되리라는 소망을 끝까지 간직하
게 하소서.[8] 주님! 진리로 눈을 밝히시어, 주님의 자비는 끝이
없고, 그 진실하심이 영원하리라는 것을 깨닫게 해 주소서.[9]
언제나 그의 마음에 즐거움이 넘치게 하셔서, 건강하고 생기
가 가득하며 기쁨이 충만한 삶을 살게 하소서.[10] 그리고 구원

의 우물에서 기쁨으로 물을 긷게 하시고,[11] 기쁨의 열매가 그 아이의 인생에 충만히 자라나게 하소서.[12]

 인용 성구

(1) 느 8:10, (2) 살전 5:16~18, (3) 빌 4:4, (4) 계 19:6, (5) 시 100:4, (6) 엡 5:18, (7) 시 100, (8) 벧전 4:13, (9) 시 117:2, (10) 잠 17:22, (11) 사 12:3, (12) 갈 5:22

하나님을 아는 것

기독교는 종교가 아니라, 하나님과의 관계 그 자체다.

"내가 그리스도와 그 부활의 권능과 그 고난에 참예함을 알려 하여, 그의 죽으심을 본받아"(빌 3:10).

기도

하나님 아버지! 이 시간, 제 자녀 __________를 위하여 기도합니다. 그 아이가 하나님을 아는 데 힘쓰게 하소서. 잠잠히, 그리고 언제나 그 자리에 계시는 하나님을 알 수 있도록 그를 가르쳐 주소서.[1] 하나님! __________를 당신의 친구로 선택해 주시니 감사드립니다.[2] 그가 주님과 신실하게 연합함으로, 그가 주를 친밀히 알게 하여 주소서.[3]

주님께서는, 주를 아는 백성들이 주의 이름과 주의 전능하신 능력으로 강하고 용맹을 발하리라고 말씀하셨습니다.[4] 기도하오니, __________가 주를 알아서 그처럼 강하고 용감하게 하소서.

주님! 저에게 주를 향한 신실한 믿음을 주셔서, 말과 행동의 본보기로 제 아이에게 주의 길을 가르칠 수 있도록 인도해 주소서. 하나님! 제가 부모로서 기쁜 마음으로 주의 뜻을 행하게 하시고,[5] 또한, __________도 항상 즐거이 주의 계명을 지키는 사람이 되어, 주와 친밀한 관계를 맺게 하여 주옵소서.[6]

하나님! __________를 위해 기도하오니, 그가 지혜와 명철이 충만하여, 주의 뜻을 온전히 헤아리게 하소서. 주님의 뜻에 합당한 삶을 살아감으로써 주를 기쁘시게 하고, 모든 선한 일에 열매를 맺으며, 하나님을 아는 지식이 점점 더 자라갈 수 있게 하여 주소서.[7] 기도하오니, 그가 주의 말씀과 뜻, 주의 도에 대해 충만한 지식을 가지고 살아가게 하소서.

아버지! 아버지의 영광스런 권능으로부터 나오는 모든 능력으로 그 아이를 강하게 하옵소서. 그 능력을 가지고 기쁨으로 끝까지 참고 견딜 수 있게 도와주소서.[8] 아버지! __________에게도 성도들이 영광 중에 받을 상속에 참예할 수 있는 자격을 주시니, 감사드립니다.[9] 아버지의 능력으로 그를 어둠의 권세에서 건져 내어 주시고, 주 예수 그리스도의 나라로 옮겨 주시니, 감사드립니다.[10] 또 __________를 아버지의 사랑하시는 아들의 피로 말미암아 구원해 주시고, 모든 죄를 용서해 주셨사오니, 감사를 드립니다. 그가 아버지 하나님의 영원한 영광의 형상이며 모든 창조물보다 먼저 나신, 우리 주 예수 그리스도의 사랑을 충만하게 누리며 살기를 소원합니다.[11] 우리 주님이 모든 만물보다 먼저 계셨고, 그로 말미암아 모든 만물이 창조되었음을 믿습니다.[12] 그가 이 진리를 깨달아 당신을 알게 하시고, 주께서 풍성하게 베풀어 주시는 충만한 삶을 누리게 해 주소서.[13]

간구하오니, 그가 아버지 하나님과 그 아들 예수 그리스도와 더불어 변함없이 교제하게 하여 주소서.[14] 우리 주 예수 그리스도의 은혜와 아버지의 사랑과 성령님의 교통하심이 영원히 그 아이와 함께 하시기를 기도드립니다.[15] 아멘.

(1) 시 46:10, (2) 요 15:15, (3) 호 2:20, (4) 단 11:32, (5) 시 40:8, (6) 요일 2:3, (7) 골 1:9~10, (8) 골 1:11, (9) 골 1:12, (10) 골 1:12~13, (11) 골 1:14~15, (12) 골 1:17, (13) 요 10:10, (14) 요일 1:3, (15) 고후 13:14

정신적 건강과 정서적 안정

하나님은 두 곳에 거처하신다. 한 곳은 천국이며, 다른 한 곳은 온유하며 감사가 넘치는 마음이다. - 아이작 왓슨

"무릇 지킬만한 것보다 더욱 네 마음을 지키라 생명의 근원이 이에서 남이니라"(잠 4:23).

기도

하늘에 계신 아버지! 감사합니다. 아버지께서는 사람의 마음에 있는 비밀까지도 모두 아시는 분이십니다.[1] 기도하오니, 제 자녀 __________가 무엇보다도 전심으로 자신의 마음을 지킬 수 있도록 도와주시옵소서.[2] 그로 하여금 마음이 즐거운 사람에게는 모든 날이 잔칫날이며,[3] 즐거운 마음은 좋은 약이 되어 병도 낫게 한다는 것[4]을 기억하게 하옵소서.

기도하오니, 부디 그가 주 안에서 항상 기뻐하는 법을 배우게 하여 주옵소서. 기도 생활과 주를 믿는 믿음으로, 모든 걱정으로부터 벗어나게 하옵소서. 주의 평화가 그에게 넘쳐나고, 그리스도 예수로 인해 그 마음과 생각을 지킬 수 있기를 기도 드립니다.[5] 그가 주께로 더 가까이 갈 수 있게 하시고, 우리 주 예수 그리스도의 마음과 태도를 닮을 수 있도록 인도해 주소서.[6]

모든 정신적, 감정적인 문제들로부터 제 자녀를 보호해 주시
고, 온전케 하여 주옵소서.[7] 기도하오니, 그의 마음속에 주의
말씀을 품을 수 있게 하여 주소서. 주님의 가르침은 그것을
발견한 자들에게 생명이 되고, 그들의 육체에 건강을 가져다
줍니다.[8] 부디, 그가 아버지의 말씀 안에서 안식을 얻게 하시
고, 주께서 심지가 견고한 자들에게 주리라고 약속하신 온전
한 평강을 누릴 수 있게 하옵소서.[9]

주님! 기도하오니, 문제가 다가와 덮치려고 할 때마다 그가
아침을 깨우는 빛처럼 찬란한 치료의 광선을 받게 하시고, 정
신과 마음이 빠르게 회복될 수 있도록 도와주소서. 앞에는 주
님의 의가, 뒤에는 주의 영광이 그를 호위하게 하소서.[10]

주님! ___________가 자기 몸을 하나님이 기뻐하시는 거룩한
산 제사로 드리게 하소서. 이것이 주께 드릴 영적인 예배라는
것을 알고 있습니다. 그리고 이 세대를 본받지 말고, 오직 마
음을 새롭게 하여 변화를 받아, 하나님의 선하시고, 기뻐하시
고, 온전하신 뜻이 무엇인지 분별할 수 있게 하옵소서.[11]

오, 주님! 부디 그를 항상 인도하여 주시고, 그의 영혼을 만족
케 하옵소서. 그의 일생 동안 주의 뜻대로 빚어 주셔서, 그 아
이가 물 댄 동산 같고, 물이 끊어지지 않는 샘 같게 하여 주소
서.[12] 감사합니다. 아버지! 그가 영육간에 강건케 하시니, 항

상 감사드립니다.

(1) 시 44:21, (2) 잠 4:23, (3) 잠 15:15, (4) 잠 17:22, (5) 빌 4:4~7, (6) 빌 2:5, (7) 요 7:23, (8) 잠 4:20~24, (9) 사 26:3, (10) 사 58:8, (11) 롬 12:1~2, (12) 사 58:11

자녀를 위한 기도

아이들은 비평이나 비난보다는 본보기를 필요로 한다.

"마땅히 행할 길을 아이에게 가르치라. 그리하면 늙어도 그것을 떠나지 아니하리라"(잠 22:6).

 기도

하늘에 계신 우리 아버지! 저에게 이토록 귀한 아이 ____ _______를 보내 주신 것을 감사드립니다. 그 아이에게 기쁨을 가져다주는 부모가 되기를 기도합니다.[1] 그가 하나님이 보내 주신 선물이며, 하나님의 놀라운 보상이라는 것을 느낄 때마다, 제 마음에 감사와 기쁨이 넘쳐납니다.[2] 하나님! 제가 _________를 하나님께로부터 받은 상급으로 아주 소중히 여길 수 있도록 도와주소서.

아버지! 자녀는 제 개인 소유물이 아니며, 하나님의 특별한 뜻에 따라 창조된 존재라는 것을 알고 있습니다. 그를 이처럼 신묘막측하게 창조하신 주의 솜씨가 놀라우므로, 이제 제가 주를 찬양합니다.[3]

자녀의 분노를 자극하지 않고, 오직 주의 교양과 훈계로써

양육하라는 주의 명령을 항상 마음에 새기게 하여 주소서.[4]

그를 악에서 지켜 주시고,[5] 천사를 보내어 보호하게 하여 주소서.[6] 그의 영혼을 소생시켜 주시고, 아버지의 이름을 위하여 의의 길로 인도해 주소서.[7] 그리고 그가 청년의 때, 곧 곤고한 날이 이르기 전에 주를 기억할 수 있도록 도와주소서.[8] 또한, 모든 일에서 항상 믿는 자의 본이 되게 하여 주소서.[9]

주님! 주께서 당신께로 나아온 어린아이들을 축복하셨던 것처럼, 그를 축복합니다.[10] 그가 당신의 뜻 가운데서 행할 수 있도록 인도해 주소서. 자신의 의지를 주님께 맡기고, 구원과 영생을 주시는 주님을 온전히 신뢰함으로써, 젊은 날에 주님의 부르심에 응할 수 있도록 도와주소서.[11]

주님! 그의 삶에 저를 부르신 주님의 뜻을 헤아릴 수 있게 해 주옵소서. 그를 위해 행하는 모든 훈계와 훈련이 그를 창조하신 아버지의 뜻을 완성하는 데 기여할 수 있기를 소원합니다.[13] 또, 우리로 하여금 그가 하나님의 작품이며, 주의 선하신 뜻을 이루시고자 그리스도 예수 안에서 창조하셨다는 것을 깨닫게 하여 주소서.[14] 그리고 그가 이 같은 하나님의 역사하심을 발견하고 그 뜻 안에서 행할 때, 진정한 축복과 기쁨과 충만함을 누릴 수 있다는 것을 체험하게 하여 주소서.[15]
저로 하여금, 그가 늘 진리 가운데 행하리라는 믿음을 가짐으로 인해 항상 기뻐할 수 있게 하옵소서.[16] 기뻐하는 것은 주께서 주신 계명이기 때문입니다. 오, 주님! 주님은 진실로 길과 진리요, 생명이십니다. 주로 말미암지 않고서는 아버지께로 갈 자가 없습니다.[17] 제 자녀 __________를 도와주셔서, 그의 일생 동안 이 진리를 마음에 간직하게 하옵소서.

인용성구

(1) 시 113:9, (2) 시 127:3, (3) 시 139:14, (4) 엡 6:4, (5) 요 17:15, (6) 시 91:11, (7) 시 23:3, (8) 전 12:1, (9) 딤전 4:12, (10) 마 19:14, (11) 요 3:16, (12) 잠 22:6, (13) 렘 29:11, (14) 엡 2:10, (15) 요 13:17, (16) 요이 1:4, (17) 요 14:6

딸아이의 배필을 위한 기도

My Daughter's Future Husband

크리스천은 가장 예의 바른 사람들 중의 하나로 손꼽지만 어쨌든 그도 사람이
다. – 찰스 스펄전

> "음행의 연고로, 남자마다 자기 아내를 두고, 여자마다 자기 남편을 두
> 라. 남편은 그 아내에게 대한 의무를 다하고, 아내도 그 남편에게 그렇게
> 할찌라"(고전 7:2-3).

 기도

영광의 하나님! 이 시간 제 딸 ___________를 위해 간구하고
자 주께 나아옵니다. 제 딸에게 주의 완벽하신 뜻[1]과 의지[2]에
합당한 남편을 주옵소서. 어떤 경우에서든 그들이 서로를 속
이지 않게 하소서.[3] 오, 주님! 간구하오니, 제 딸에게 가장 어
울리는 배필을 주옵소서.[4] 부디, 그들이 서로를 위해 살 뿐만
아니라 주님을 위해 살 수 있도록 은혜를 베풀어 주소서. 아
버지! 간구하오니 지금 이 순간, 아버지께서 제 딸의 장래 남
편감으로 하여금, 당신의 아들 우리 주 예수 그리스도를 아는
구원의 지식에 이를 수 있도록 인도해 주옵소서.[5] 그들 이 결
혼 선에 자신을 순결하게 지킬 수 있도록 도와주시고,[6] 지금
이 순간부터 서로를 위해 기도하게 하시고, 결혼한 후에도 늘
서로를 위해 기도할 수 있게 하옵소서.

하나님 아버지! 기도드립니다. 제 딸이 그의 배필을 만났을 때 "끝이 보이지 않는 백사장에서 진주를 찾았다"고 고백할 수 있게 하여 주소서.[7] 수많은 사람들 가운데서 하나님의 형상과 영광으로 지음 받은 장래 남편이기 때문입니다. 그와 동시에, 그 아이의 배필 역시 제 딸이 자신의 영광[8]임을 깨닫게 하시고, 아버지 하나님의 딸로서 그 아이를 존중할 수 있게 해 주소서.

주님! 장래에 그들이 그리스도를 경외하는 마음으로 서로에게 복종할 수 있게 도와주소서.[9] 기도하오니, 그가 제 딸을 그리스도께서 교회를 사랑하신 것같이 사랑하게 하옵소서.[10] 그리고 제 딸도 그를 위해 자기 생명을 내어 놓을 수 있을 만큼 헌신적으로 사랑하게 하여 주소서.[11] 서로를 사랑하되 무엇보다도 주님을 향한 사랑이 변함없게 하여 주소서.[12]

하나님께서 짝지어 주신 결혼은 사람이 감히 나누지 못함을 확신합니다.[13] 기도하오니, 제 딸의 결혼이 이처럼 강한 결합이 되게 하소서. 사는 동안 언제나 결혼 생활과 그 가정을 통해 행복과 만족을 얻게 하여 주소서.

주여! 간구하오니, 제 딸아이의 배필이 될 그가 주님의 인도하심에 순종하는 현명한 가장이 되게 하옵소서.[14] 서로 함께 기도하고 주를 경배하며, 주의 교양과 훈계로 자녀를 잘 양육할 수 있게 하옵소서.[15] 제 딸아이의 장래 남편이 자신의 아내를 사랑하고 소중히 여기게 해 주소서. 그로 하여금 아내를 존중하는 것이 지극히 중요하고 마땅하다는 것을 깨닫게 하시고, 주님! 자신의 아내가 좀 더 연약한 그릇임을 이해할 수 있도록 도와주소서.[16] 그가 자신의 아내로 인해 언제나 기뻐할 수 있도록 인도해 주소서.[17] 아멘.

 인용 성구

(1) 시 18:30, (2) 눅 11:2, (3) 고전 7:5, (4) 고후 6:14, (5) 엡 2:8~9, (6) 딤전 5:22, (7) 전 7:28, (8) 고전 11:7, (9) 엡 5:21, (10) 엡 5:25, (11) 요 15:13, (12) 요 13:35, (13) 마 19:6, (14) 엡 5:23~24, (15) 엡 6:4, (16) 벧전 3:7, (17) 잠 5:18

아들의 배필을 위한 기도

My Son's Future Wife

현명한 아내는 하나님께서 보내 주신다.

"아내를 얻는 자는 복을 얻고, 여호와께 은총을 받는 자니라"(잠 18:22).

기도

하나님 아버지! 결혼을 통해 가정을 이루게 하시니 감사 드립니다. 제 아들 __________에게도 아버지께서 정하신 아내를 맞이할 수 있도록 인도해 주소서. 그리고 그 아내로 인하여 기뻐할 수 있게 하여 주소서.[1] 제 아들과 그의 아내가 부디 주 안에서 연합하여 진정한 한 몸을 이루게 하여 주소서.[2] 그들이 항상 서로를 도우며 주를 위해 살고자 굳게 언약하게 하소서.

제 아들의 아내가 될 여인을 위해, 이 시간 하나님께 기도드립니다. 아버지! 그 여인을 축복해 주시고, 우리 구주 예수 그리스도를 아는 구원의 진리에 이르도록 인도해 주소서.[3] 그녀가 오직 자신의 남편만을 바라게 하시고, 주의 다스리심 가운데 자신의 남편에게 순종하게 하옵소서.[4]

그녀가 언제나 경건하고 현숙하여, 주를 항상 기뻐하고, 남편에게 면류관 같은 여인이 될 수 있게 인도해 주소서.[5] 제 아들이 언제나 그 여인을 가리켜 어떤 보석보다 값진 여인이라 인정할 수 있는, 그런 아내가 되게 하소서.[6]

그녀가 온유하고 정숙한 마음으로 단장할 수 있도록 도와주소서. 이것이 주 앞에서 값진 것인 줄 믿습니다.[7] 그리고 언제나 자신의 남편을 존경할 수 있게 하옵소서.[8]

주님! 그녀가 자신의 가족을 항상 부지런히 보살피는 아내와 어머니가 되게 하여 주소서.[9] 기도드리오니, 그 여인이, "덕행 있는 여자가 많으나, 그대는 여러 여자들보다 뛰어나다"고 칭찬 받는 아내가 될 수 있게 하옵소서.[10] 어떤 누구라도 제 아들의 아내 될 여인을 부당하게 대우하지 않도록 지켜 주옵소서.[11]

아버지께서 제 아들과 배필 될 여인을 만나게 하실 때에, 아무도 그들을 갈라놓지 못하도록 붙들어 주옵소서.[12] 주님! 그들이 진정 하나가 되게 하여 주옵소서.[13] 제 아들과 그의 아내가 서로에게 진정 충실할 수 있도록 도와주소서.

기도드리오니, 제 아들의 배필 될 그녀가 남편을 기쁘게 하는 일에 마음을 쓰게 하옵소서.[14] 오, 주님! 제 아들의 아내가 주님께 순종하듯이, 자기 남편에게도 순종할 수 있도록 도와주소서.[15] 또, 교회가 예수 그리스도께 순종하듯이, 그녀가 자기 남편에게 온전히 순종할 수 있도록 인도해 주소서.[16] 또한, 제 아들 역시 그리스도께서 교회를 사랑하신 것같이 자기 아내를 사랑하게 하옵소서.[17]

제 아들로 하여금 자기 아내를 사랑하는 것이 진정 자기 자신을 사랑하는 것임을 항상 기억하게 도와주소서.[18] 그 아이가 결코 자기 아내를 모질게 대하지 않게 하소서.[19] __________로 하여금 자기 아내가 하나님의 딸임을 늘 기억하게 하시고, 더 연약한 그릇으로 여기고 존중할 수 있게 하옵소서. 그들 모두가 생명의 은혜를 상속받을 사람들이라는 것을 명심하게 하소서.[20] 두 사람 모두 결혼 전까지 자신을 순결하게 지킬 수 있게 하시며,[21] 서로를 위해 기도하고, 결혼후에도 반드시 서로를 위해 매일 기도할 수 있게 해 주소서. 제 아들의 인생의 반려자에 대한 주님의 뜻을 알려 주시고, 그 아이가 다른 어떤 일에서보다 특히 이 문제에 대해 주님께 순종할 수 있도록 인도해 주소서.

📖 인용성구

(1) 잠 5:18, (2) 창 2:24, (3) 요 3:16, (4) 창 3:16, (5) 잠 12:4, (6) 잠 31:10, (7) 벧전 3:4, (8) 엡 5:33, (9) 잠 31:27, (10) 잠 31:29, (11)말 2:15, (12) 마 19:6, (13) 막 10:8, (14) 고전 7:34, (15) 엡 5:22, (16) 엡 5:24, (17) 엡 5:25, (18) 엡 5:28, (19) 골 3:19, (20) 벧전 3:7, (21) 딤전 5:22

십대의 자녀들
My Teenager

당신이 현재 십대의 자녀를 양육하고 있다면, 그 모습 그대로 용납해야 한다.

"청년이 무엇으로 그 행실을 깨끗케 하리이까, 주의 말씀을 따라 삼갈 것이니이다. 내가 전심으로 주를 찾았사오니, 주의 계명에서 떠나지 말게 하소서. 내가 주께 범죄치 아니하려 하여 주의 말씀을 내 마음에 두었나이다"(시 119:9-11).

 기도

하늘에 계신 사랑의 하나님! 이 시간 아버지 앞에 나와, 이제 십대에 접어든 제 아이 __________를 위해 기도드립니다. 그에게는 하나님의 끝없는 사랑[1]과 지혜[2], 그리고 주의 인도하심[3]이 필요합니다. 주님! 감사드립니다. 주님께서는 영광 가운데서 풍성하심으로 그에게 필요한 모든 것을 채워 주시는 분이십니다.[4] 당신의 권능으로 이 모든 것을 채워 주소서.[5]

그를 모든 악에서 구해 주시고, 보호해 주옵소서.[6] __________로 하여금 언제나 주가 필요하다는 것을 깨닫게 해 주소서. 주여! 그를 풍성한 삶으로 인도해 주소서.[7] 그의 삶을 위해 아버지께서는 특별한 목적과 뜻을 가지고 계신 줄로 압니다. 어찌 이를 감사하고 찬양하지 않겠습니까?[8] 아버지의 뜻을 밝히 보여

주시옵소서.[9]

__________가 젊을 때에, 곤고한 날이 이르기 전에 주를 기억하고 경외하게 하소서.[10] 주님! 우리의 젊은 날에 안내자가 되어 주셨던 것을 감사드립니다.[11] 아버지! 모든 젊은이들과 제 자녀 __________를 위해 간구합니다. 그들이 젊은 날에 주를 발견하고, 이 세대의 헛된 철학과 풍습에 휩쓸리지 않도록 지켜 주옵소서.[12] 아버지! __________가 항상 범사에 주님 안에서 자라날 수 있도록 인도해 주옵소서.[13] 또, 그가 주의 도를 배울 수 있게 도와주옵소서.[14] 주의 도는 완전하고, 주의 말씀은 진실합니다.[15] 주의 이름을 위하여 그 를 의의 길로 인도해 주소서.[16] 그가 주를 경외하는 것이 모든 지혜의 근본이라는 것을 깨닫게 하여 주소서.[17]

__________가 주의 말씀을 청종하여 자기의 길을 깨끗케 하고, 주의 말씀을 마음에 두어 주께 범죄하지 않도록 인도해 주소서. 그가 전심으로 주를 찾으며, 주의 계명에서 떠나지 않도록 힘을 주시고, 용기를 북돋아 주소서.[18]

주님! __________에게 주와 동행하는 신실한 크리스천 친구들을 보내 주옵소서. 그리고 그가 사람의 간교한 속임수나 술수에 빠져서, 허망한 교훈이나 풍조에 휘말리지 않도록 지켜 주옵소서.[19]

주를 더 알고 주의 자취를 좇아가게 하시고[20], 그를 축복하사,
주의 이름을 영화롭게 하는 데 쓰임 받게 하소서.

 인용 성구

(1) 요일 4:16, (2) 대하 1:10, (3) 시 32:8, (4) 빌 4:19, (5) 계 7:12, (6) 마 6:13,
(7) 요 10:10, (8) 렘 29:11, (9) 시 40:8, (10) 전 12:1, (11) 렘 3:4, (12) 골 2:8,
(13) 엡 4:15, (14) 사 2:3, (15) 시 18:30, (16) 시 23:3, (17) 시 111:10, (18) 시
119:10~11, (19) 엡 4:14, (20) 벧전 2:21

갓난아기를 위한 기도

A Newborn Baby
어린아이의 웃음은 주를 향한 찬송이다.

"예수께 말하되, 저희의 하는 말을 듣느뇨. 예수께서 가라사대, 그렇다. 어린 아기와 젖먹이들의 입에서 나오는 찬미를 온전케 하셨나이다 함을 너희가 읽어 본 일이 없느냐 하시고"(마 21:16).

 기도

하나님 아버지! 저희에게 어린 아기를 선물로 주신 하나님의 사랑에 감사와 찬송을 드립니다. 아버지께서 이 아기 ______ ____를 통해 아버지의 사랑을 보여 주심을 감사드립니다. 하나님! 이 아이를 보살펴 주소서. 주의 사랑 안에서 이 아이를 세우고, 심어 주시고, 견고케 하여 주소서.[1] 안전하게 지켜 주시고,[2] 앞으로 이 아이의 일생에 어떠한 악한 것이나 질병들이 침범하지 못하도록 막아 주옵소서. 천사를 보내시어 보살피게 하시고, 모든 길에서 이 아이를 지켜 주소서. 주의 수호 천사들에게 명하사, 그의 손으로 붙들게 하셔서 발이 돌에 부딪히지 않게 하시고, 주의 사랑을 부어주소서, 오! 주님![3]

아버지! 제가 이 아이를 지도할 때, 아버지의 지혜를 부어 주소서. 아버지의 지혜로 가르쳐야만, 그 아이가 장성하였을 때 주의 도에서 떠나지 않을 것이기 때문입니다.[4] 주의 말씀은 역사하는 힘이 크오니, 약속하신 말씀들로 인하여 감사를 드립니다.

오, 하나님! 아버지께서는 저희가 지혜가 부족할 때 아버지께 간구하면, 후히 채워 넘치도록 주시겠다고 말씀하셨습니다. 또한, 우리가 아버지께 의심하지 않고 믿음으로 구하면, 반드시 응답하리라고 약속하셨습니다.[5] 감사합니다. 아버지! 우리의 기도에 이처럼 귀한 약속의 말씀을 주시니 감사드립니다. 우리가 살고 있는 이 시대에 유능하고 지혜로운 부모가 되기 위해 하나님의 지혜가 반드시 필요합니다. 아버지! 제가 이 아이를 주께서 주신 보석같이 보배롭게 여기며 사랑하게 하옵소서. 끊임없이 그를 위해 기도하고,[6] 주의 교양과 훈계로써 다스릴 수 있도록 도와주소서.[7] 그리고 그에게 말과 행실과 사랑과 믿음과 정절에 대하여 본이 될 수 있도록 저를 인도해 주옵소서.[8]

이 아이가 신체적으로 강건하고,[9] 지적인 면에서 민첩하고 재능이 있으며,[10] 영적으로도 강건하고 귀한 자가 되게 하옵소서.[11] 그가 잠을 잘 때에도 두려움 없이 단 잠에 들게 하옵소서.[12]

하나님! 제 아기를 그리스도 안에서 하늘에 속한 온갖 신령한

복으로 축복해 주시니, 감사드립니다. 아버지께서는 창세 전
부터 그리스도 안에서 이 아이를 선택하시고, 사랑으로 당신
앞에 거룩하고 흠이 없게 하셨습니다.[13] 이 아기가 당신의 아
들 예수를 아는 구원의 지식에 성큼 다가가게 하시며 주를 신
뢰함으로써 영광스런 찬송의 삶을 살게 하여 주옵소서.[14]

(1) 렘 31:28, (2) 욥 11:18, (3) 시 91:10~12, (4) 잠 22:6, (5) 약 1:5~6, (6) 살전
5:17, (7) 엡 6:4, (8) 딤전 4:12, (9) 요삼 1:2, (10) 단 1:17, (11) 고전 15:58, (12)
잠 3:24, (13) 엡 1:3, (14) 엡 1:12

부모가 지녀야 할 지혜

Parental Wisdom

가장 위대한 덕은 지혜이다. - 어거스틴

"너희 중에 누구든지 지혜가 부족하거든 모든 사람에게 후히 주시고 꾸짖지 아니하시는 하나님께 구하라. 그리하면 주시리라. 오직 믿음으로 구하고 조금도 의심하지 말라. 의심하는 자는 마치 바람에 밀려 요동하는 바다 물결 같으니"(약 1:5-6).

 기도

사랑하는 아버지 하나님! 이 시간, 아버지께 무릎을 꿇고 지혜를 구합니다. 제가 진정 유능한 부모가 될 수 있도록 지혜를 주시옵소서. 제 아이를 양육하고 가르치는 순간순간, 아버지의 지혜를 부어 주시옵소서. 저로 하여금, 자녀를 주의 교양과 훈계로써 양육하기 위해 무엇이 필요한지 깨닫게 하여 주소서.[1]

주님! 지혜로 저의 영을 채우시겠다고 약속하시니 참 감사드립니다. 이제 주께서 제게 지혜로 채우심을 믿고, 담대히 주께 나아갑니다.[2] 하나님으로부터 나온 지혜는 성결하고, 평화로우며, 온화함이 있습니다. 또, 긍휼과 선한 열매가 가득하고, 편벽과 거짓이 없으니, 이 세상의 지혜와 비교할 수 없는 주님의 지혜를 어찌 찬양하지 않을 수 있겠습니까?[3]

아버지! 제게 지혜의 영을 부어 주셔서, 자녀의 미래와 행복에 관한 중대한 결정을 내려야 할 때, 주의 뜻을 온전히 분별할 수 있게 하여 주소서.[4] 오, 아버지! 제게 힘과 지혜를 주실 줄로 믿습니다.[5] 또한, 아버지의 의로움을 나눠 주셔서 제가 지혜를 말하게 되리라고 믿습니다.[6] 제 생명의 깊숙한 곳까지 지혜로 채워 주시고,[7] 제 마음을 아버지의 지혜로 채워 주옵소서.[8]

하나님의 지혜가 저를 복되게 합니다. 지혜를 얻는 것이 정금보다 낫고, 하나님께서는 지혜로 땅을 세우셨고, 명철로 하늘을 굳게 펴셨습니다.[9] 우리 주 예수 그리스도 안에서 저는 하나님의 지혜와 힘을 만날 수 있습니다. 그리고 우리 주님께서 저에게 지혜와 의로움, 거룩함과 구속함이 되어 주셨습니다. 이에, 아버지 하나님을 영원히 찬양합니다. 할렐루야![10]

아버지! 제가 제 자녀에게 성급하게 대하지 않고, 진주보다 귀한 지혜를 구하여 너그럽게 용납하게 하옵소서.[11] 할렐루야! 감사드립니다.

인용 성구

(1) 엡 6:4, (2) 대하 1:10, (3) 약 3:15~17, (4) 출 28:3, (5) 욥 12:13, (6) 시 37:30, (7) 시 51:6, (8) 시 90:12, (9) 잠 3:13~20 (10) 고전 1:22~31, (11) 잠 3:15

부모의 기도

A Parent's Prayer

부모로서 자녀를 양육하는 것은 영원한 가치가 있는 책임이다.

"자식은 여호와의 주신 기업이요 태의 열매는 그의 상급이로다. 젊은 자의 자식은 장사의 수중의 화살 같으니, 이것이 그 전통에 가득한 자는 복되도다. 저희가 성문에서 그 원수와 말할 때에 수치를 당치 아니하리로다"(시 127:3-5).

 기도

하나님 아버지! 제게 보내 주신 자녀들로 인하여 감사를 드립니다. 그들은 진정 저에게 축복이고, 이 세상의 그 무엇과도 바꿀 수 없는 보배입니다. 주님은 천국이 그런 자들의 것이라고 말씀하셨습니다. 그 아이들이 주의 나라에서 소중히 여김을 받는 것처럼, 저도 그들을 소중히 여길 수 있게 하여 주소서.[1]

마땅히 가아 할 길로 그들을 인도하고 가르쳐야 하는 막중한 책임을 맡았사오니, 최선을 다하게 하소서. 주님! 제가 이 책임을 충실히 이행하면, 그들이 나이가 들어도 서의 훈육괴 주의 인도하심에서 떠나지 않으리라 믿습니다.[2] 오, 하나님! 그들이 주의 뜻 행하는 것을 기뻐하게 하여 주소서.[3]

그로 하여금 믿음으로 온전한 구원에 이르게 하여 주소서.[4] 그리고 저의 삶이 그들을 주님께로 더 가까이 이끌 수 있도록 인도해 주소서.

아버지! 당신은 하늘의 아버지시오니, 부모로서 자녀들을 어떻게 양육하고 보살펴야 할지 가르쳐 주소서.[5] 이 어려운 세대에서 친히 모본과 말씀을 통해 저를 인도해 주시니, 감사드립니다.[6]

주님! 제가 그들을 이해하는 자상한 부모가 될 수 있도록 도와주소서. 아이들과의 관계에 있어서, 그들을 조정하기보다는 이해하고 수용하는 하는 부모가 되게 하소서. 주께서 저의 피난처시며,[7] 산성이시고[8] 안전한 요새가 되어 주심같이,[9] 저도 제 자녀들에게 안전한 보금자리가 될 수 있도록 인도해 주소서.

제가 가정을 잘 다스릴 수 있도록 지혜를 주소서. 아이들이 순종하고 공손의 태도를 갖게 해 주소서.[10] 그러나, 결코 그들을 격동시키고 분노를 일으키는 부모가 되지 않게 하여 주소서.[11] 그들을 공정하게 대할 수 있도록 도와주시고, 주께서 저를 이해하고 사랑해 주신 것처럼, 저도 자녀들을 이해할 수 있게 도와주소서.[12] 제 마음을 아이들에게로 돌이키게 하시고, 그들의 마음을 제게로 돌이키게 하셔서,[13] 우리 가정이 진정 축복받은 가정이 되게 하여 주소서.

(1) 눅 18:16, (2) 잠 22:6, (3) 시 40:8, (4) 엡 4:5, (5) 엡 6:4, (6) 시 119 :105, (7) 시 46:1, (8) 시 144:2, (9) 시 59:17, (10) 딤전 3:4, (11) 엡 6:4, (12) 시 139:23, (13) 말 4:6

건강과 행복
Physical Health and Well-Being

하나님은 당신의 자녀들이 잘되고, 강건하기를 바라신다.

"내 이름을 경외하는 너희에게는 의로운 해가 떠올라서 치료하는 광선을 발하리니 너희가 나가서 외양간에서 나온 송아지같이 뛰리라"(말 4:2).

 기도

하늘에 계신 사랑의 하나님! 아버지는 치료하시는 하나님이십니다.[1] 주께서 우리를 위해 채찍에 맞으심으로 우리가 나음을 입었습니다.[2] 감사합니다. 하나님! 우리의 다친 마음을 치료하시며, 모든 상처를 싸매 주시는 아버지의 은혜에 감사를 드립니다.[3]

자비하신 주님을 의지하여, 지금 이 시간 제 아이 __________ 를 위해 믿음으로 주께 나아갑니다. 주님! 간구하오니, 전능하신 주의 그늘 아래에 그를 머물게 하여 주옵소서.[5] 당신의 날개로 덮어 주소서.[6] 천사들에게 명하셔서, 그의 모든 앞길을 지켜 주옵소서.[7] 그가 강건하게 될 줄 믿습니다.[8]

오, 주님! 질병으로 고통받을 때에도 범사에 주님을 인정하며 온 마음을 다해 주님을 의지하게 하소서.[9] 믿음의 기도는 병

자를 구하며, 주님께서 친히 그를 일으키신다고 말씀하셨습니다. 이 진리를 알게 하시니 감사를 드립니다.[10]

제 자녀의 육체적 건강뿐만 아니라, 정신과 마음의 건강을 위해서도 기도드립니다. 주님께서는 그가 모든 면에서 강건하기를 바라십니다. 간구하오니, 주의 권능으로 강건하게 하옵소서.[11] 그가 내적인 상처로 고통 받고 있다면, 주께서 그의 영혼과 마음의 상처를 치료하여 주시리라 믿습니다.[12]

그가 운동하는 습관을 기르고,[13] 충분한 영양을 섭취하며,[14] 질병에 미리 대처하는 좋은 습관을 훈련할 수 있도록 인도해 주소서. 그의 마음을 기쁨과 즐거움으로 채워 주소서. 주께서 주시는 기쁨과 행복이 우리에게 건강과 치유를 가져다줌을 믿습니다.[15]

아버지! 예수님의 이름으로 간구하오니, 부디 _________가 언제나 주의 말씀을 묵상하고, 주의 말씀에 귀를 기울이게 하소서. 그리하여, 마음속 깊이 그 말씀을 잘 간직하게 하소서. 주의 말씀은 그것을 묵상하는 자에게 생명이 되며, 그 말씀만이 온 몸에 건강과 양약이 됨을 믿습니다.[16]

주님! _________를 위하여 제 믿음이 주께 상달되기를 바랍니다. 주님은 믿음으로 나아가는 자들에게 상을 주시며, 주

님께서 반드시 그의 범사를 형통케 하시고, 영육 간에 강건케
하시는 분임을 믿습니다.[18] 주님! 제 믿음을 보시고, 그를 안
전하게 지켜 주옵소서.[19]

인용 성구

(1) 시 103:3, (2) 사 53:5, (3) 사 61:1, (4) 히 4:16, (5) 시 91:1, (6) 시 91:4, (7) 시
91:11, (8) 잠 3:8, (9) 잠 3:5~6, (10) 약 5:15, (11) 마 9:22, (12) 렘 30:17, (13) 딤
전 4:8, (14) 창 51:21, (15) 잠 17:22, (16) 잠 4:20~22, (17) 히 11:6, (18) 요삼
1:2, (19) 욥 11:18

기도의 위력
The Power of Prayer

기도는 교회의 굳건한 성벽이며, 강력한 요새이다. – 마틴 루터

"그러므로 너희는 이렇게 기도하라. 하늘에 계신 우리 아버지여 이름이 거룩히 여김을 받으시오며, 나라이 임하옵시며, 뜻이 하늘에서 이룬 것 같이 땅에서도 이루어지이다"(마 6:9-10).

 기도

아버지! 기도를 통해 아버지와 직접 대면할 수 있는 은총을 허락하시니, 감사를 드립니다. 제 자녀 __________도 기도의 능력을 알아서 매일 부지런히 기도할 수 있게 하여 주소서.

그로 하여금, 무엇이든지 구하면 주께서 응답하신다는 것을 깨닫게 하여 주옵소서. 구하는 자가 얻게 되고, 두드리는 자에게 열린다는 진리를 깨닫게 하소서.[1] 그로 하여금 하나님은 구하는 자에게 좋은 것으로 만족케 하시는 분이시라는 것을 알게 하소서.[2] 또한 하나님은 전심으로 찾는 자에게 상 주시기 기뻐하시는 분이라는 것을 깨닫게 하여 주소서.[3]

주님께서는 두세 사람이 주님의 이름으로 모인 곳에 함께 하리라고 하셨습니다.[4] 감사합니다. 아버지! 주님의 약속의 말

씀이 우리에게 기쁨을 줍니다. 그가 생명으로 인도하는 이 말
씀들을 자신의 것으로 만들 수 있게 하시고, 주의 약속은 그
리스도 안에서 언제나 "예"가 된다는 것을 깨닫게 하여 주옵
소서.[5]

제 자녀가 온 마음을 다해 믿음으로 주께 구하는 것을 응답
하여 주옵소서.[6] 그가 기도할 때, 다른 사람을 용서함으로 자
신의 허물도 아버지께로부터 용서받을 수 있게 하여 주옵소
서.[7]

제 자녀로 하여금, 주께서는 반드시 기도에 응답하시는 분이
시라는 것을 믿게 해 주시고, 이러한 믿음으로 기도의 응답을
체험하며, 기쁨이 충만케 하소서.[8] 사랑의 주님! 그가 감사한
마음으로 기도하고 아룀으로써, 모든 기도가 주께 상달되기
를 간절히 원합니다.[9]

하나님! 그가 뛰어난 주님의 기도 용사가 되게 하시고, 진정
한 기도의 중보자가 되게 하여 주소서. 그가 쉬지 않고 기도
하고,[10] 흔들림 없이 믿음으로 구하며,[11] 언제나 믿음이 충만
한 기도를 할 수 있도록 이끌어 주소서.[12]

강력하고 열정적인 의인의 간구는 역사하는 힘이 크다는 것
을 알게 하옵소서.[13] 그리고 주의 눈은 의인을 향하시고, 주의

귀는 그들의 기도에 귀 기울이신다는 것을 깨닫게 하여 주소
서.[14] 아버지! 이 약속의 말씀이 분명하고 또한 확실하오니,
어찌 찬양하고 감사 드리지 않겠습니까? 우리의 기도를 들으
시고 우리의 간구를 들어주시니 우리가 주께 구한 것을 받은
줄로 믿습니다.[15] 오, 주님! ___________에게 기도의 놀라운
능력을 허락하여 주소서.

(1) 마 7:7, (2) 마 7:11, (3) 히 11:6, (4) 마 18:20, (5) 고후 1:20, (6) 마 21:22, (7)
막 11:25, (8) 요 16:24, (9) 빌 4:6, (10) 살전 5:17, (11) 약 1:6, (12) 약 5:15, (13)
약 5:16, (14) 벧전 3:12, (15) 요일 5:14~15

미래의 성공

A Prosperous Future

기도는 천국문을 여는 황금 열쇠이다. - 토마스 왓슨

"저는 시냇가에 심은 나무가 시절을 좇아 과실을 맺으며 그 잎사귀가 마르지 아니함 같으니 그 행사가 다 형통하리로다"(시 1:3).

 기도

하늘에 계신 아버지! 저희에게 단비와 같은 축복을 내려 주시니, 감사를 드립니다.[1] 아버지께서는 주를 사랑하고 정직을 행하는 자에게 축복을 아끼지 않는 분이십니다. 사랑하고 감사합니다. 이 시간, 제 아이를 위해 기도하오니, 하나님! 그의 밝은 빛이 되시고, 방패가 되어 주소서. 아버지의 은혜와 영광을 __________에게 부어 주시고, 축복을 내려 주옵소서.[2] 그가 타협하지 않고, 온전히 주를 신뢰하는 것이 얼마나 중요한지 알게 하여 주소서. 주는 만주의 주시며, 주님을 신뢰하는 자에게 복에 복을 더하시는 분이십니다.[3]

__________로 하여금, 주야로 아버지의 말씀을 묵상하며, 주께서 명하신 대로 지켜 행할 수 있도록 이끌어 주소서. 그로 인해 그의 길이 평탄하고 형통하며 승리하게 하소서.[4] 또한 그가 자신의 모든 책임에 대해 성실하게 임할 수 있도록

도와 주소서. 주의 말씀에 신실한 자가 주의 복을 받으리라고 말씀하셨습니다.[5] 기도하오니, 그가 스데반 집사와 같이 믿음과 지혜가 충만한 사람이 되기를 기도합니다.[6]

아버지! 기도합니다. 이 땅에서 그의 생명이 다하는 날, 주님께서 "잘 하였도다. 착하고 충성된 종아, 네가 작은 일에 충성하였으매 내가 많은 것으로 네게 맡기리니 네 주인의 즐거움에 참예할찌어다"[7]라고 하신 말씀으로 언제나 간구하게 하옵소서. 주께서 생각하시는 성공과 번영은 오직 한 가지임을 믿고 있나이다.

제 자녀가 아버지의 뜻을 행할 수 있도록 도와주시옵소서. 아버지! 그로 하여금, 아버지께서는 온 마음을 다해 하나님을 사랑하고, 이웃을 얼마나 사랑하는지에 따라 성공적인 삶의 척도를 정하신다는 것을 깨닫게 하여 주소서.[8] 사랑의 빚 외에는 어떤 빚도 지지 않게 하시고, 남을 사랑하는 자는 주의 계명을 다 이루었다는 것을 깨닫게 하여 주소서.[9] 제가 먼저 이 모든 일에 본이 되게 하여 주소서.

주님! __________가 주의 말씀에 귀를 기울이고, 그 모든 명령을 지켜 행함으로써, 주의 모든 복이 그에게 임하게 하소서.[10] 주님께서는 이미 그를 위해 계획을 가지고 계시며, 그를 축복하시기 원하십니다. 아버지는 새앙이나 해가 아니라, 장래에 소망을 주기 원하십니다. 기도하오니, __________가 주님께 부르짖고, 온 맘을 다해 주를 찾게 하여 주시고, 그를 향한 장래의 계획을 밝히 보여 주옵소서.[11]

인용 성구

(1) 겔 34:26, (2) 시 84:11, (3) 시 84:12, (4) 수 1:8, (5) 잠 28:20, (6) 행 6:5, (7) 마 25:21~23, (8) 갈 5:14, (9) 롬 13:8, (10) 신 28:1~2, (11) 렘 29:11~13

시험을 당할 때
보호하심을 바라는 기도
Protection During Temptation

유혹과 시험은 나로 하여금 주를 기대하게 만든다. – 존 번연

"시험을 참는 자는 복이 있도다. 이것에 옳다 인정하심을 받은 후에 주께서 자기를 사랑하는 자들에게 약속하신 생명의 면류관을 얻을 것임이니라"(약 1:12).

 기도

하나님 아버지! 감사드립니다. 아버지의 수많은 약속의 말씀들로 인하여 감사 드립니다. 아버지께서는 우리가 감당할 시험 외에 다른 시험은 주시지 않는다고 말씀하셨습니다. 아버지의 말씀을 믿습니다. 이 시간 제 자녀 ________를 위해 주 앞에 나와 기도드립니다. 그가 감당치 못할 시험을 허락하지 마옵시며, 또한 그 시험을 피할 수 있는 길도 열어 주옵소서. 그 길을 분별할 수 있는 지혜를 주시옵소서. 주께서는 분명히 피할 길을 주사, 평화와 안식과 승리로 능히 감당하게 하실 것을 믿습니다.[1] 감사합니다.

아버지! 아버지는 악에게 시험을 받지도 않으시며, 주의 백성을 시험하지도 않는 분이시기에[2] 감사와 찬송을 드립니다. 원수기 가저다주는 시험에서 제 아이를 보호해 주옵소서. 우리 주 예수 그리스도께서 이 땅에 계실 때 원수의 유혹을 물리치신 것처럼, 주의 성령과 말씀으로 능력을 받아서 모든 유혹을 뿌리칠 수 있게 하옵소서.[3] _________로 하여금 주의 말씀으로 원수를 대적하면, 반드시 승리한다는 것을 깨닫게 하여 주옵소서. 성령의 검인 말씀으로 싸울 때 그 앞에서 원수가 힘을 발휘하지 못하기 때문입니다.[4]

_________가 주의 말씀을 항상 기억하고 마음에 새겨서 범죄치 않게 하여 주옵소서.[5] 그에게 은혜를 부어 주셔서, "하나님께 순복할찌어다. 마귀를 대적하라. 그리하면 너희를 피하리라. 하나님을 가까이 하라. 그리하면 너희를 가까이 하시리라" 하신 주님의 말씀을 따를 수 있도록 인도해 주옵소서.[6] 성령의 인도하심을 따라 행할 수 있도록 _________를 이끌어 주셔서, 육체의 욕심을 따라 살지 않게 하여 주옵소서.[7]

주님! 그가 어떤 시험 가운데서도 사탄의 계략에 빠져 희생되는 일이 없도록 지켜 주시기를 간구합니다. 시험에 들지 않게 하시고, 다만 그를 악에서 구하옵소서.[8]

아버지! 그가 혹시 죄를 지을 때라도, 그로 하여금 아버지 앞에서 우리를 변호해 주시는 예수 그리스도를 항상 기억하게 하여 주소서.[9] 그리고 죄를 회개할 때, 죄를 사하시고 모든 불의에서 깨끗케 하여 주옵소서. 감사합니다. 아버지! 그를 인도해 주시고, 주를 의지하도록 도와주시오니, 감사드립니다.
아멘!

 인용성구

(1) 고전 10:13, (2) 약 1:13, (3) 마 4:1~11, (4) 엡 6:17, (5) 시 119:11, (6) 약 4:7~8, (7) 갈 5:16, (8) 마 6:13, (9) 요일 2:1, (10) 요일 1:9

# 악으로부터 보호하심을 바라는 기도

Protection From Evil

오직 악이 승리를 하는 데 필요한 것은, 선한 사람들이 아무 것도 하지 않는 것이다. - 에드먼드 버크

"또 사람에게 이르시기를 주를 경외함이 곧 지혜요, 악을 떠남이 명철이라 하셨느니라"(욥 28:28).

기도

만주의 주이신 우리 하나님 아버지! 제 자녀 __________를 위해 이 시간 아버지 앞에 나아옵니다. 그를 모든 악에서 지켜 주시고, 악에서 건져 주옵소서.[1] 죄악이 다가올지라도, 언제나 모든 악에서 떠날 수 있도록 인도해 주옵소서.[2] 아버지! 그를 악으로부터 보호해 주셔서, 주의 마음을 아프게 하는 일이 없게 하여 주옵소서.[3] 사람의 마음으로 계획하는 바가 어려서부터 악하다는 주의 말씀을 기억합니다.[4] 하지만, 아버지! __________로 하여금 마음을 다해 아버지를 신뢰하는 법을 알게 하셔서, 모든 악한 계획들이 그 흔적부터 뿌리째 뽑히게 하여 주옵소서.[5] 모든 생각들을 사로잡아서 주께 복종케 하여 주옵소서.[6]

__________가 언제나 주님 안에 거하게 하여 주소서.[7] 평생

동안 악을 미워하고,[8] 악의 길을 피하며, 그 길에서 떠나게 하여 주옵소서.[9]

제 자녀에게 주의 성령과 말씀으로 말미암아[10] 분별력과 통찰력을 주서서,[11] 옳고 그름을 분별하고 언제나 옳은 것을 선택할 수 있게 하여 주옵소서.[12] 하나님 아버지! 그가 하나님을 경외하므로, 아버지께서 악을 미워하시는 것처럼 그도 악을 미워할 수 있게 하여 주옵소서.[13]

__________가 유혹에 굴복하지 않게 하시고, 악한 것들과 악한 이들로부터 건져 주옵소서.[14] 그가 항상 어둠보다 빛을 사랑하게 하옵소서. 주님은 빛이시오니, 빛 가운데 행할 수 있도록 인도해 주소서.[15] 악을 행하는 자들이 빛을 싫어한다는 것을 기억하게 하여 주소서.[16]

하나님! 제 아이를 순결하게 지켜 주옵소서.[17] 기도하오니, 그로 하여금 악한 동무는 언제나 선한 행실을 더럽힌다는 것을 기억할 수 있게 하여 주옵소서.[18] 또, 선한 덕을 유지하기 위해서는, 악은 모양이라도 버려야 함을 깨달을 수 있게 하여 주옵소서.[19] 그리고 돈을 사랑하는 것이 일반 악의 뿌리이며,[20] 혀는 불이고 불의의 온상이라는 것[21]을 깨닫게 하여 주소서.

아버지! _________가 자신의 생명을 사랑하고 좋은 날을 보기 원한다면, 혀를 다스려서 모든 악한 말, 험담과 중상의 말, 불경스런 말을 금해야 함을 알게 하여 주옵소서.[22] 또한, 따뜻한 말을 하는 혀는 생명나무와 같다는 것을 깨닫게 해 주소서.[23]

감사합니다. 아버지! 그가 살아가는 동안 모든 악에서 지켜 주시리라 믿습니다. 크신 은혜에 감사드립니다.

⑴ 마 6:13, ⑵ 욥 28:28, ⑶ 대상 4:10, ⑷ 창 8:21, ⑸ 잠 3:5, ⑹ 고후 10:5, ⑺ 요 15:4, ⑻ 잠 8:13, ⑼ 잠 4:15, ⑽ 전 8:5, ⑾ 히 4:12, ⑿ 잠 20:11, ⒀ 잠 8:13, ⒁ 눅 11:4, ⒂ 요일 1:7, ⒃ 요 3:19, ⒄ 요일 3:3, ⒅ 고전 15:33, ⒆ 살전 5:22, ⒇ 딤전 6:10, ⑵1 약 3:6, ⑵2 벧전 3:10, ⑵3 잠 15:4

행악자들로부터
보호하심을 바라는 기도
Protection From Evildoers

하나님은 우리를 보호하시는 데 실수가 없으시다.

"네가 말하기를 여호와는 나의 피난처시라 하고 지존자로 거처를 삼았으므로 화가 네게 미치지 못하며 재앙이 네 장막에 가까이 오지 못하리니" (시 91:9-10).

기도

왕 중의 왕이시며, 만 주의 주이신 우리 하나님! 이 시간, 제 자녀 __________를 위하여 하나님 앞에 나아갑니다.[1] 아버지여! 기도하오니, 강한 팔을 펼치사 모든 행악자들로부터 그를 보호해 주소서.[2]

아버지는 악인을 의롭다 하지 않으시기에 감사와 찬양을 드립니다.[3] 아버지께서는 사람들이 왜 악에 빠지게 되었는지를 아시며,[4] 악한 자의 꾀를 미워하십니다.[5] 주여, 그를 행악자들의 손에서 지켜 주소서.[6]

제 아이 __________가 악을 행하는 자들이 형통하다고 불평하지 않게 하여 주소서.[7] 그로 하여금, 모든 행악자들은 풀과 같이 베임을 당하고, 푸른 채소처럼 시들게 된다는 것을 깨달게 하여 주소서.[8] 이런 자들을 바라보지 않게 하시고, 주님! 기도하오니, __________가 오직 주를 신뢰하고, 선을 행하게 하여 주소서. 그로 하여금 주 안에서 즐거움을 찾게 하셔서, 그 마음에 소원하는 것을 이루어 주소서.[9] 그에게 힘을 주셔서, 부정을 행하는 자들이 다가올 때마다 자신의 길을 주께 온전히 맡기고, 주 안에서 안식하며 주님만을 참고 기다리게 하여 주옵소서. 오, 주님! 그 아이가 행악자들은 넘어지게 마련이라는 것을 깨달아서, 모든 근심을 버리게 하여 주소서. __________로 하여금 온유한 자가 땅을 기업으로 받으며, 풍부한 화평을 누리게 되리라는 것을 알게 하소서.[11]

행여 악한 자들이 정직한 자들이나 자신에게 악을 도모하는 것을 보게 될지라도, 주께서 이 모든 것을 알고 계신다는 사실을 기억하게 하소서. 기도드립니다. 아버지여! 원수 갚는 것이 아버지께 있으니, 아버지께서 친히 보응하실 것이며,[12] 악을 행하는 자들은 멸망하게 되리라는 것을 그가 알게 하여 주소서.[13] 하나님! 원수들은 어린 양의 기름처럼 타서 소멸될 것이며, 연기처럼 사라지게 된다는 것을 깨닫게 해 주시니, 감사를 드립니다.[14]

기도드리오니, 어떤 무기라도 제 자녀를 상하지 못하게 하시고, 그를 상대로 송사하는 자들은 주의 쓴 잔을 마시게 하옵소서. 이것이 바로 주께서 주의 종들에게 주시는 기업임을 믿

습니다.[15]

오, 하나님! 그에게 주를 섬기는 법을 가르쳐 주시고, 탈선하지 않도록 인도해 주소서. 그가 그리 행할 때 진리를 밝히 보이시고, 주께서 그를 높여 땅을 기업으로 받게 해 주시며, 악을 행하는 자들이 멸절되는 것을 보게 하여 주옵소서.[16] 또한 __________로 하여금, 주님은 환란을 당할 때에 우리의 피난처가 되신다는 것을 기억하게 하여 주소서.[17] 주님이 언제나 그를 도와주시고, 악에서 건져주실 줄 믿습니다. 감사합니다. 아버지! 아버지께서 모든 악에서 그를 건져 주실 것을 믿기에 감사할 뿐입니다. 그가 온 맘을 다해 주를 전적으로 의지하게 하옵소서.[18]

인용 성구

(1) 시 100:2, (2) 렘 21:5, (3) 출 23:7, (4) 출 32:22, (5) 잠 15:26, (6) 시 37:9, (7) 시 37:7, (8) 시 37:2, (9) 시 37:4, (10) 시 37:9, (11) 시 37:11, (12) 롬 12:19, (13) 시 37:20, (14) 시 37:20, (15) 사 54:17, (16) 시 37:28, (17) 시 37:39, (18) 시 37:40

부정적인 세력으로부터의 보호하심을 바라는 기도

Protection From Negative Influences

주님은 부정적인 것을 긍정적인 기회로 바꿔 주신다.

"그 눈을 뜨게 하여 어두움에서 빛으로, 사단의 권세에서 하나님께로 돌아가게 하고, 죄 사함과 나를 믿어 거룩케 된 무리 가운데서 기업을 얻게 하리라 하더이다"(행 26:18).

 기도

빛의 아버지이신 하나님! 하나님께는 변함도 없으시며, 회전하는 그림자도 없으십니다. 이 시간 하나님 앞에 간구하고자 나아왔습니다. 기도하오니, 제 자녀 __________에게 깨달음을 주옵소서.[1] 그가 주의 말씀의 빛 가운데로 행하게 하시고,[2] 자기 안에 있는 빛이 어두워지지 않도록 깨어 있게 하소서.[3]

아버지! 빛이 어두움 가운데 비취되, 어두움이 이를 깨닫지 못했으나,[4] 우리 주 예수 그리스도를 주로 영접한 자들에게는 하나님의 자녀가 되는 권세를 주셨다고 말씀하셨습니다.[5] 기도합니다. 아버지여! __________도 예수님을 구주로 영접하여, 주와 동행하게 하시고,[6] 주님의 빛을 세상에 비출 수 있게 하여 주옵소서.

주님! _________를 주님으로부터 떨어트리려는 모든 부정적인 세력들로부터 지켜 주소서. 동년배들의 부정적인 영향과 방송 매체, 타락한 지도자들, 부정한 철학의 영향으로부터 그를 보호해 주옵소서.[7] 감사합니다.

주님! 주는 빛이시며, 주 안에는 조금의 어둠도, 부정한 것도 전혀 없사오니, 감사드리고 찬양합니다.[8]

오, 주님! 언제나 제 아이의 방패가 되어 주시고, 지극히 큰 상급이 되어 주옵소서.[9] 모든 악한 세력으로부터 건져 주시고,[10] 주님만을 바라봄으로[11] 어둠[12]과 기만[13], 절망[14]과 우울함[15]에서 벗어나게 하소서. 그가 주께 더 가까이 다가갈 수 있도록 도와주소서.[16] 낮에는 구름기둥, 밤에는 불기둥으로 그의 앞에서 행하시며, 항상 빛으로 인도해 주소서.[17]

주여! _________가 주를 신뢰하게 하여 주옵소서. 간구하오니, 그가 주를 믿을 때에 그의 방패가 되어 주소서.[18] 모든 원수에게서 그를 건져 주시고, 특히 그의 삶에 부정적인 영향을 행사하려는 자들에게서 보호해 주소서.[19]

제 자녀의 인생에 부정적인 세력이 공격하려고 할 때마다, 그가 기도할 수 있도록 인도해 주소서. 그가, "나를 멀리하지 마옵소서. 환난이 가깝고 도울 자 없나이다"라고 기도하게 하여

주소서.[20]

인용성구

(1) 약 1:17, (2) 시 119:130, (3) 눅 11:35, (4) 요 1:5, (5) 요 1:12, (6) 골 2:6, (7) 골 2:8, (8) 요일 1:5, (9) 창 15:1, (10) 창 32:11, (11) 시 42:5, (12) 행 26:18, (13) 마 7:15, (14) 요 6:35, (15) 시 69:1, (16) 시 121:5, (17) 출 13:21, (18) 삼하 22:31, (19) 왕하 17:39, (20) 시 22:11

# 사탄의 역사로부터
보호하심을 바라는 기도

Protection From Satan

사탄이 역사하는 공간에는 한계가 있다. 왜냐하면 그에게는 하나님의 편재성이 없기 때문이다.

> "근신하라 깨어라. 너희 대적 마귀가 우는 사자같이 두루 다니며 삼킬 자를 찾나니"(벧전 5:8).

 ## 기도

사랑하는 하나님! 이 시간, 제 자녀 __________를 위해 기도합니다. 그로 하여금, 어린 양이신 예수 그리스도의 피와 그 피의 능력을 고백하면, 모든 원수를 물리칠 수 있다는 것을 잊지 않게 해 주소서.[1] __________가 사탄의 궤계를 알아 속지 않게 하소서.[2] 사랑하는 우리 하나님 아버지! 그가 매일마다 아버지가 주시는 전신갑주를 입고, 악의 간계를 능히 대적할 수 있도록 준비하게 해 주소서.[3]

기도드리오니, __________가 하나님께 순복하게 하시고,[4] 예수 그리스도의 이름으로 사탄을 쫓아내면 그들은 언제나 물러나게 돼 있다는 것을 온전히 깨닫고, 악한 것들에 대항할 수 있게 하여 주옵소서.[5] 그리고 그가 자기 인생에서 싸워야 할 것은 혈과 육이 아니요, 오직 정사와 권세와 이 어두운 세상의 주관자들과 공중에 있는 악의 영들이라는 것을 늘 명심

하게 하여 주소서.[6]

제 자녀가 항상 깨어서 근신하게 하여 주소서. 우리의 대적 마귀가 우는 사자와 같이 두루 다니며 삼킬 자를 찾고 있다는 것을 알고, 깨어 있게 하소서.[7]

아버지! 감사합니다. 예수 그리스도의 이름으로 악한 영들을 우리 앞에 굴복시켜 주시니, 감사를 드립니다.[8] 아버지께서는 사탄을 몰아내셨고, 그를 따르는 영들을 아버지의 나라 밖으로 내어 쫓으셨으며, 영원한 고통에 처하게 하셨나이다.[9] __________로 하여금, 사탄은 이미 패배했으며, 자신 안에 거하시는 그리스도야말로 이 세상의 누구보다 크신 분임을 기억하게 하여 주소서.[10]

그에게 영적 통찰력을 주셔서 사탄의 궤계를 분별할 수 있게 하시고 그 모든 궤계들을 밝혀내게 하시고,[11] 사탄은 거짓말쟁이이며 거짓의 아비인지라,[12] 그 속에 진리가 조금도 없다는 것을 깨닫게 하여 주소서.[13] 그리고 그로 하여금, 형제를 참소하는 자는 바로 사탄이며,[14] 자기를 광명의 천사로 가장할지라도 그의 목표는 언제나 속이고 파괴하고 절망하게 하는 것이라는 것을 항상 명심할 수 있게 하여 주소서.[15]
그가 모든 악한 생각을 떨쳐 버리고, 하나님을 아는 지식을 가로막는 교만한 생각들을 버릴 수 있도록 도와주소서. 모든

생각들을 사로잡아서 그리스도께 복종시킬 수 있게 하여 주소서.[16]

__________가 자신을 대항하려고 맞선 어떤 무기라도 소용없게 될 것이며, 또한, 자신을 송사하려고 일어선 혀도 오히려 정죄를 당하게 될 것이라는 것을 깨닫게 해 주소서. 이와 같은 축복은 하나님의 종들이 받는 기업이며, 아버지께로부터 받은 의라고 말씀하셨습니다.[17] 아버지! 크신 은혜에 감사를 드립니다.

그리스도께서 __________에게 자유를 주셨으니, 그가 자유 안에서 굳건히 서게 하시고, 다시는 종의 멍에를 메지 않게 하여 주소서.[18] 그로 하여금 이 같은 축복들을 누리게 해 주시니, 아버지! 다시 한 번 감사드립니다.

(1) 계 12:11, (2) 고후 2:11, (3) 엡 6:11, (4) 약 4:7, (5) 막 16:17, (6) 엡 6:12, (7) 벧전 5:8, (8) 눅 10:17, (9) 요 12:31, (10) 요일 4:4, (11) 고전 4:5, (12) 요 8:44, (13) 요 8:44, (14) 계 12:10, (15) 고후 11:14, (16) 고후 10:5, (17) 사 54:17, (18) 갈 5:1

 # 범죄하지 않도록
보호하심을 바라는 기도

죄는 하나님과 우리를 갈라 놓는다.

"감추인 것이 드러나지 않을 것이 없고 숨은 것이 알려지지 않을 것이 없 나니"(눅 12:2).

 ## 기도

하나님 아버지! 말씀을 주시니 감사를 드립니다. 아버지의 말 씀은 언제나 우리를 죄에서 보호해 주십니다. 제 자녀 _______ ________도 하나님의 말씀을 마음 깊이 간직하여 범죄치 않게 하여 주소서.[1] 그의 마음속에 주의 말씀이 불처럼 타오르게 하시고, 반석을 쳐서 부수는 방망이처럼 역사하여, 평생 동안 이 세상의 유혹과 죄에서 승리하게 하소서.[2]

________로 하여금, 죄를 범하면 언제나 결국 올무에 잡 힌다는 것을 깨닫게 하여 주소서.[3] 무엇보다도 하나님과 하나 님의 가르침을 저버리는 것이 죄 중에 가장 악한 죄임을 깨우 쳐 주소서.[4] 하나님! 그의 이전의 죄를 모두 용서하여 주소 서.[5] 설령 그가 죄를 범했을지라도, 죄를 고백하면 사하여 주 시고, 모든 불의에서 깨끗하게 해 주옵소서.[6]

아버지 하나님! 죄가 더한 곳에 은혜가 넘친다고 하셨사오니,[7] 아버지의 자비하심에 감사를 드릴 뿐입니다. __________의 삶에도 이와 같은 은혜가 넘치게 하여 주소서. 감사합니다. 하나님의 독생자, 우리 주 예수 그리스도께서 우리 모두의 불의를 대신 담당해 주셨사오니, 그 은혜를 찬양합니다.[8] 우리 주님은 아버지 앞에서 우리를 위해 대언하시고 변호해 주십니다.[9] 죄를 모르시는 분으로서, 우리를 위해 죄인이 되어 주신 그 은혜에 감사드립니다.[10]

제 아이로 하여금, 믿음으로 하지 않은 모든 것이 죄임을 깨닫게 하여 주소서.[11] 그러므로 그가 온 마음을 다해 주를 믿고, 모든 일을 믿음으로 행하게 하옵소서.[12] 예수 그리스도로 옷 입고, 정욕을 위하여 육신의 일을 도모하지 않도록 도와주소서.[13]

아버지 하나님! 그를 모든 죄에서, 이 세상의 모든 유혹과 육신의 정욕과 사탄의 궤계에서 지켜 주옵소서. 빛 가운데로 행하게 하셔서, 하나님의 아들 예수 그리스도의 피로써 모든 죄를 사함 받게 하여 주소서.[14] 그가 살아가는 동안, 주의 끊임없는 사랑으로 죄를 덮어 수소서.[15] 아버시! 기도드리오니, 그로 하여금, 사람이 선을 행할 줄을 알고도 행치 않으면, 그것이 죄가 된다는 것을 알게 하여 주소서.[16] __________가 항상 선한 일을 도모하도록 인도해 주소서.

또한, 제 아이가 악독한 마음과 불의에 매이지 않도록 도와
주소서.[17] 그의 마음은 주의 뜻을 따르고자 하나, 다만 육신이
약합니다. 기도하오니, 아버지께서 그를 죄에서 보호해 주소
서.[18] 그가 아버지의 말씀에 순종하고, 죄에 대해서는 죽은 자
요, 하나님께 대해서는 예수 그리스도로 인하여 산 자로 여길
수 있도록 인도해 주소서.[19]

(1) 시 119:9~11, (2) 렘 23:29, (3) 민 32:23, (4) 삼상 12:10, (5) 시 25:7, (6) 요
일 1:9, (7) 롬 5:20, (8) 사 53:6, (9) 요일 2:1, (10) 고후 5:21, (11) 롬 14:23, (12)
행 10:43, (13) 롬 13:14, (14) 요일 1:7, (15) 벧전 4:8, (16) 약 4:17, (17) 행 8:23,
(18) 마 26:41, (19) 롬 6:11

# 잘못된 생각에서
벗어나기 위한 기도

Protection From Wrong Thinking

하나님의 생각과 우리의 생각 사이의 틈은, 하나님의 말씀을 믿음으로써 메워질
수 있다.

> "여호와의 말씀에, 내 생각은 너희 생각과 다르며 내 길은 너희 길과 달라
> 서, 하늘이 땅보다 높음 같이 내 길은 너희 길보다 높으며 내 생각은 너희
> 생각보다 높으니라"(사 55:8-9).

 기도

사랑의 하나님! 제 자녀 __________에게 지혜를 주셔서 감
사드립니다. 언제나 맑은 정신으로 생각할 수 있도록 도와주
소서. 모든 생각을 주께로 모아서, 무엇이든지 참되고 정직
하고 옳으며 순결하고 사랑스러운 것, 덕이 되는 것을 생각
하게 하소서.[1]

하나님! 그가 오직 예수 그리스도의 마음을 품을 수 있도록
도와주소서.[2] 그리고 하나님의 말씀으로 언제나 마음을 새
롭게 하여[3] 이 세대를 본받지 않고,[4] 의와 진실한 거룩함으로
새롭게 된 새 사람을 입을 수 있도록 인도해 주소서.[5]

그의 지성을 오직 아버지의 나라를 확장시키는 데 사용하게
하옵소서.[6] 옳고 그름을 분별하고 주의 뜻을 또한 분별하게

하시며, 사람이 그 마음에 생각하는 대로 그 사람됨도 그러하다는 것을 깨닫게 하여 주소서.[7] 그로 하여금, 하나님께서는 모든 자녀들이 생각하는 모든 것을 알고 계시다는 것을 알게 하소서.[8] 아버지께서는 사람이 마음에 생각하는 것이 참으로 헛되다고 말씀하셨습니다.[9]

우리가 말을 하기 전에 아버지께서는 이미 우리의 혀가 할 말을 모두 알고 계십니다.[10] ___ _______로 하여금, 아버지께서는 사악한 생각을 매우 싫어하신다는 것을 알게 해 주소서.[11] 아버지께서는 우리 마음에 오가는 모든 생각을 꿰뚫어 보십니다.[12]

아버지! 제 아이가 아버지의 말씀에 선포된 모든 진리에 비추어서, 항상 분별있는 생각을 하게 하시고,[13] 자신의 마음을 굳게 지킬 수 있도록 도와주소서.[14] 구원의 투구를 쓰고,[15] 스스로 마땅히 생각해야 하는 것 이상으로 생각하지 않으며 분수에 맞게 생각할 수 있도록 이끌어 주소서.[16]

마음이 생명의 근원이라는 말씀을 기억하여, 무엇보다도 전심으로 자신의 마음을 지킬 수 있도록 인도해 주소서.[17] 하나님이 염두에 두고 있는 것은 재앙이 아니라 번영이며, 장래에 소망을 주시려는 것임을 깨닫게 하셔서, 마음을 평안케 하여 주소서.[18] 그리고 그로 하여금, 주를 전심으로 찾고

또 찾으면 만나게 되리라는 것을 깨닫게 하소서.[19] 감사합니
다, 아버지!

인용성구

(1) 빌 4:8, (2) 빌 2 :5, (3) 엡 4:23, (4) 롬 12:2, (5) 엡 4:24, (6) 눅 11:2, (7) 잠
23:7, (8) 왕상 8:39, (9) 시 94:11, (10) 시 139:4, (11) 잠 15:26, (12) 겔 11:5, (13)
롬 12:3, (14) 벧전 1:13, (15) 엡 6:17, (16) 롬 12:3, (17) 잠 4:23, (18) 렘 29:11,
(19) 렘 29:13

책임과 의무

Responsibility

책임은 하나님의 능력에 대해 우리가 어떻게 반응하는지와 관계가 있다.

"선한 사람은 그 쌓은 선에서 선한 것을 내고 악한 사람은 그 쌓은 악에서 악한 것을 내느니라. 내가 너희에게 이르노니 사람이 무슨 무익한 말을 하든지 심판 날에 이에 대하여 심문을 받으리니"(마 12:35-36).

 기도

하나님 아버지! 은혜로운 선물을 우리에게 후히 베풀어 주시오니, 감사를 드립니다.[1] 하나님! 저와 제 자녀 __________로 하여금, 하나님이 베풀어 주신 축복을 적절히 잘 사용했는지에 대해 설명할 책임이 있다는 것을 항상 기억하게 해 주소서.[2] __________에게 지혜를 주셔서, 그가 온전히 책임을 다할 수 있도록 가르쳐 주옵소서.[3]

제 아이에게 은혜를 베푸셔서, 그가 자신의 허리를 단단히 묶고,[4] 하나님의 전신갑주로 무장하게 하소서.[5] 그리고 많이 맡긴 사람에게는 많이 찾으리라는 말씀을 기억하게 하소서.[6]

아버지여! 기도합니다. 그가 아버지에 대한 의무와 다른 사람들에 대한 책임에 성실히 임할 수 있도록 하옵소서. 작은 일에 충성하는 사람이 큰 일을 맡게 된다는 사실을 깨닫게 하여 주소서.[7] 하나님! _________로 하여금, 항상 작은 일에 충성하고, 큰 일에서도 성심을 다할 수 있도록 도와 주소서.

주님의 말씀을 믿는 한 사람으로서, 주께 기도드립니다. _________가 주의 양들을 성실하게 먹일 수 있게 하소서.[8] 사도 바울의 고백처럼, 장성한 어른이 되어서는 어린아이의 일들을 버릴 수 있도록 인도해 주소서.[9] 그가 사랑 안에서 행하고, 형제들의 짐을 나눠 짐으로 그리스도의 법을 이룰 수 있도록 가르쳐 주소서.[10] 주님이 주시는 힘으로 자기 몫의 짐을 성실하게 감당하게 하여 주옵소서.[11]

그가 인생에서 겪게 되는 힘든 환경이나 인간관계에서 지혜롭게 대처할 수 있도록 도와주소서. 주님! 그에게 자기 입과 혀를 제어하는 사람만이 곤경에서 자기 영혼을 구할 수 있다는 말씀을 기억하게 하소서.[12] 때로 인생의 책무들을 감당할 수 없다고 느껴질 때 주님이 주시는 능력으로 모든 것을 할 수 있다는 것을 깨닫게 하여 주소서.[13]

인용성구

(1) 마 10:8, (2) 롬 14:12, (3) 약 1:5, (4) 욥 38:3, (5) 엡 6:11, (6) 눅 12:48, (7) 눅 16:10, (8) 요 21:15~17, (9) 고전 13:11, (10) 갈 6:2, (11) 갈 6:5, (12) 잠 21:23, (13) 빌 4:13

안전한 피난처와
보호하심

Safety and Protection

하나님이 만드신 안전한 방주는 우리를 인생의 홍수로부터 보호해 준다.

"영원하신 하나님이 너의 처소가 되시니, 그 영원하신 팔이 네 아래 있도다. 그가 네 앞에서 대적을 쫓으시며 멸하라 하시도다"(신 33:27).

 기도

하나님 아버지! 아버지는 우리 아이들의 굳건한 요새이시며,[1] 피할 바위가 되십니다.[2] 또한, 그들의 산성이시며,[3] 보호자가 되어 주십니다.[4] 아버지께서 이처럼 그를 돌봐주시고,[5] 항상 그와 함께 해 주시며,[6] 악한 자들에게서 보호해 주실 것을 믿습니다.[7] 어찌 감사를 드려야 할지요? 아버지를 높여 찬양하고 감사를 드립니다.

오, 하나님! 아버지께서는 언제나 이스라엘 백성들을 원수들의 손에서 건져 주셨습니다. 아버지께서는 주의 백성을 건지시고, 안전하게 거하게 해 주시는 분이십니다.[8] 아버지! 이 세상에서 제 아이가 이 도전과 책임에 직면하게 될 때, 곁에 계셔서 도움이 되어 주옵소서.[9]

우리의 가정을 평안하게 하셔서 두려움이 없게 하시고,[10] 주의 천사들을 보내어 제 아이를 보살펴 주옵소서.[11] 주님!
____________를 주의 말씀으로 굳건히 서게 하셔서, 주를 가
까이 하는 모든 자들에게 약속하신 풍성한 삶을 체험하게 하
시고, 진실하게 살아갈 수 있도록 인도해 주소서.[12] 결코 주님
을 부끄러워하지 않게 하시고, 그를 붙들어 주셔서 항상 평안
하게 하시고, 언제나 주의 율례를 지키는 사람이 되게 하여
주소서.[13] 아버지! 이처럼 말씀을 통해 약속해 주시니, 감사를
드립니다. 주를 의지하는 사람들의 방패가 되어 주시니, 참
감사합니다.[14]

오, 주님! 주의 이름은 견고한 성과 같아서 의인이 그곳으로
달려가면, 안전하고 평안하며 보호를 받을 수 있습니다.[15] 제
자녀가 견고한 성 같은 주의 품에서 안전함을 얻게 하여 주소
서. 그로 하여금, 사람을 두려워하면 올무에 걸리나, 주를 의
지하는 자는 안전하리라는 말씀을 항상 기억할 수 있게 해 주
소서.[16]

주님께서는 주의 뜻에 귀를 기울이는 자는 안전히 거하며 재
앙의 두려움 없이 평안히 살리라고 말씀하셨습니다.[17]
____________로 하여금, 좀 더 일찍 주의 말씀에 귀 기울일 수
있도록 인도해 주소서. 저의 모든 아이들과 손자, 손녀들, 후
손의 후손들까지 언제나 주의 땅에서 안연히 거하게 하여 주
소서. 그들이 하나님을 그들의 하나님으로 알고 있사오니, 그

들을 지켜주소서. 그들을 위협하는 모든 멍에를 끊어 주시고, 그들에게 해를 끼치려는 자들에게서 건져 주옵소서. 감사합니다. 아버지! 저는 그들이 주 안에서 안전하게 거하며, 모든 두려움에서 자유롭게 살아가게 될 것을 믿습니다.[18]

(1) 시 59:9, (2) 시 94:22, (3) 시 144:2, (4) 신 32:38, (5) 벧전 5:7, (6) 마 28:20, (7) 갈 1:4, (8) 삼상 12:11, (9) 시 46:1, (10) 욥 21:9, (11) 마 4:6, (12) 요 10:10, (13) 시 119:116~117, (14) 잠 30:5, (15) 잠 18:10, (16) 잠 29:25, (17) 잠 1:33, (18) 겔 34:27~28

자녀의 구원을 바라는 기도

The Salvation of My Child

구원은 값없이 주시는 선물이다. 예수께서 이미 값을 치르셨기 때문이다.

> "너희가 그 은혜를 인하여 믿음으로 말미암아 구원을 얻었나니, 이것이 너희에게서 난 것이 아니요, 하나님의 선물이라. 행위에서 난 것이 아니니, 이는 누구든지 자랑치 못하게 함이니라"(엡 2:8-9).

기도

귀하신 우리 구주 예수님! 이 시간, 제 자녀 __________의 구원을 위해 기도를 드립니다. 주님께서는 누구도 멸망받는 것을 바라지 않으시며, 모든 사람들이 오직 구원에 이르기를 바라십니다.[1] 아버지 하나님을 찬양합니다. 구원하심이 __________를 향하신 아버지의 뜻인 줄 믿습니다. 아버지의 뜻에 따라 간구하는 제 기도를 들어주시리라 믿습니다.[2]

아버지 하나님! 독생자 예수님을 보내셔서, 믿음으로 나아오는 모든 자들을 위해 십자가에 못 박히게 하셨사오니, 그 놀라운 은혜에 어찌 감사를 드려야 할지요'?[3] 예수님의 피는 모든 불의에서 우리를 구속하시며,[4] 우리의 모든 죄악을 깨끗케 합니다.[5]

아버지! 우리가 아직 죄인이었을 때, 예수께서 우리를 위해 죽으심으로, 아버지의 그 크신 사랑을 보여 주셨사오니, 감사를 드립니다.[6] 제 아이가 하나님의 그 구원의 사랑을 덧입게 하시고, 영원한 생명을 선물로 받게 하여 주소서.[7]

아버지여! 그에게 부디 회개의 선물을 허락해 주소서.[8] 아버지의 인자하심으로 그를 온전한 회개에 이르게 하여 주시니, 감사를 드립니다.[9] 부디, 아버지 하나님! 그를 눈여겨보아 주셔서[10] 전심으로 하나님만을 따르겠다고 결심할 수 있도록 도와 주소서.[11]

제 아이가 예수 그리스도를 자신의 평생의 구주로 받아들일 수 있도록 인도해 주소서.[12] 또한 그가 모든 믿는 자에게 구원을 주시는 하나님의 능력인 복음을 결코 부끄러워하지 않게 하여 주옵소서.[13] 그가 주의 말씀을 믿고, 예수가 자신의 구주가 되심을 입으로 시인하게 하시며, 입을 열어 복음을 전파하게 하소서. 아버지께서 주님을 죽은 자 가운데서 살리셨다는 것을 전심으로 믿게 하여 주시고, 영원히 하나님께 경배하고 영광을 돌리게 하여 주옵소서.[14]

인용성구

(1) 벧후 3:9, (2) 요일 5:14~15, (3) 엡 2:16, (4) 엡 1:7, (5) 요일 1:7, (6) 롬 5:8, (7) 롬 6:23, (8) 행 11:18, (9) 롬 2:4, (10) 시 32:8, (11) 눅 14:27~28, (12) 골 2:6, (13) 롬 1:16, (14) 롬 10:9~10

온전한 성
Sexual Wholeness

영혼의 순결을 잃는 것은 자신이 동의하기 때문이다. 동의 없이 순결을 잃을 수는 없다. - 어거스틴

"종말로 형제들아, 무엇에든지 참되며 무엇에든지 경건하며 무엇에든지 옳으며 무엇에든지 정결하며 무엇에든지 사랑할 만하며 무엇에든지 칭찬할 만하며 무슨 덕이 있든지 무슨 기림이 있든지 이것들을 생각하라"(빌 4:8).

 기도

사랑하는 아버지 하나님! 감사합니다. 우리는 아버지로 인하여 살고, 움직이며, 존재합니다.[1] 지금 이 시간, 제 자녀 ________________를 위해 아버지 앞에 나아옵니다. 그가 성적인 순결함을 지킬 수 있도록 그 마음을 붙잡아 주시고,[2] 젊음이 가져다주는 정욕을 피할 수 있게 해 주소서.[3] 일생 동안 음행과 간음으로부터 보호해 주시고,[4] 항상 순결한 마음을 지키고자 노력하게 하여 주소서.[5]

하나님! 우리가 살아가는 이 세대는 성적인 순결함에 둔감하게 만들고, 많은 젊은이들을 속이고 유혹하고 있습니다.[6] 이것이 주님의 뜻이 아닌 줄 믿습니다. 하나님! 하나님은 무질서의 하나님이 아니시며,[7] 온갖 좋은 신물과 온전한 은사를 주시는 분이십니다.[8] 제 아이에게 분별의 영을 주셔서, 마음이 청결한 자만이 주를 보게 될 것임을 깨닫게 하여 주소서.[9]

말씀에서 비유하신 것처럼, 하나님의 아들 예수 그리스도와 교회의 관계처럼 맺어지는 결혼이 가치있고 소중하다는 것을, 그로 하여금 깨닫게 하여 주소서.[10] 그에게 은혜를 주시고, 항상 순결하고자 하는 의지를 지닐 수 있게 도와주소서. 아버지! 그가 결혼을 하게 되면, 주 안에서 완전하게 하나가 되는 기쁨을 맛보게 하여 주옵소서.

이생의 자랑이나 육신의 욕망, 안목의 정욕은 아버지의 뜻이 아님을 알고 있습니다.[11] 그를 악에서 보호해 주소서.[12] 모든 성적인 기만의 속삭임과 혼란으로부터 건져 주시옵소서.[13]

아버지! 그가 성령 안에서 행하고, 육체의 정욕을 따라 살지 않게 도와주시옵소서.[14] 깨끗한 마음으로 주님을 찾는 사람들과 함께, 의와 믿음과 사랑과 평화를 좇을 수 있도록 힘을 주시고 인도해 주소서.[15] 절제의 열매가 그의 맘 가운데서 자라게 하시고,[16] 주의 성령으로 강하게 하셔서 성령을 거스려 싸우는[17] 육체의 행실을 죽이게 하여 주소서.[18] __________로 하여금 마귀에게 발붙일 틈을 주지 않게 하시고,[19] 모든 생각을 사로잡아 그리스도께로 복종하는 법을 가르쳐 주소서.[20]

인간에게 성(性)이라는 축복을 허락하시니, 감사를 드립니다.
제 아이가 주님의 뜻대로 이 축복된 선물을 누릴 수 있도록
도와주시옵소서.

 인용 성구

(1) 행 17:28, (2) 딤전 5:22, (3) 딤후 2:22, (4) 살전 4:3, (5) 마 5:8, (6) 요이 1:7,
(7) 고전 14:33, (8) 약 1:17, (9) 마 5:8, (10) 엡 5:22~32, (11) 요일 2:16, (12) 요
17:15, (13) 롬 8:21, (14) 갈 5:16, (15) 딤후 2:22, (16) 갈 5:23, (17) 벧전 2:11,
(18) 롬 8:13, (19) 엡 4:27, (20) 고후 10:5

편부모들의 기도

A Single Parent's Prayer
하나님의 은혜가 내게 족하다.

"우리의 도움은 천지를 지으신 여호와의 이름에 있도다"(시 124:8).

 기도

오, 하나님! 아버지의 자비하심으로 때를 따라 돕는 은혜를 얻기 위하여, 이 시간 은혜의 보좌로 담대히 나아갑니다.[1] 아버지! 혼자 몸으로 부모 역할을 한다는 것이 힘들 때가 많이 있습니다. 하지만, 하나님은 언제나 저에게 필요한 때에 도움이 되어 주시고, 크나큰 위로와 피난처가 되어 주시니 감사합니다.[2]

하나님 아버지! 아버지는 위대하시고, 지극히 찬양 받으시기에 합당하신 분입니다.[3] 아버지는 영원토록 저의 하나님이십니다.[4]

제가 아버지를 부를 때에 저를 건져 주시오니, 아버지로 인하여 영원히 찬양할 것입니다.[5] 하나님 아버지의 약속은 제게 지극히 아름다운 약속입니다.

하나님! 때로 외롭기도 하지만, 아버지께서 제 부르짖음에 귀 기울이시는 줄 믿습니다. 아버지는 언제나 제 기도를 들어주십니다.[6] 제 마음이 약해질 때, 아버지! 반석같이 흔들리지 않도록 저를 도와 주옵소서.[7]

아버지! 감사합니다. 제 자녀 __________를 제게 보내 주신 것을 감사드립니다. 그는 하나님이 제게 허락하신 놀라운 분깃입니다. 그는 아버지께서 제게 보내 주신 보상입니다.[8]

아버지 하나님! 하나님께서는 저와 제 아이의 부모가 되십니다.[9] 저와 함께 부모의 책임을 나누어 져 주시니, 감사드립니다. 저에게 좋은 부모의 본을 보여 주시니, 감사드립니다. 하나님께서는 외로운 자에게 가정을 만들어 주십니다.[10] 저희 가족이 되어 주시니, 감사를 드립니다. 아버지! 저희를 보호해 주시고, 필요한 것을 공급해 주시며, 영원히 보살펴 주시옵소서.

오, 하나님! 아버지 하나님이 저의 도움이 되어 주시니, 제가 두려워하지 않을 것입니다. 사람이 저에게 어찌 하겠습니까?[11] 아버지는 어제나 오늘이나 영원토록 동일하십니다.[12] 제 모든 염려를 아버지께 맡깁니다. 저를 돌봐 주실 줄 믿습니다.[13]

하나님! 근심과 걱정을 버리고, 전심으로 하나님을 믿기 원합니다. 마리아처럼, 늘 좋은 편을 택하고 이것을 빼앗기지 않게 하옵소서.[14]

아버지! 저에게 자녀를 양육하는 데 필요한 인내심과 지혜를 주옵소서. 아버지께서 구하는 자에게 후히 주시리라고 약속하셨사오니, 이 말씀을 이루어 주소서.[15] 아버지께서는 온 마음을 다해 하나님을 신뢰하고, 제 명철을 의지하지 않으며, 범사에 하나님을 인정할 때, 저의 가는 길을 인도해 주시리라고 약속해 주셨습니다. 감사를 드립니다.[16] 저의 목자가 되시는 주님! 주를 찬양합니다.[17] 주님은 저의 도움이 되시며, 결코 저를 떠나지도, 저를 버리지도 않으실 것을 믿습니다. 감사합니다.[18]

아버지 하나님! 무엇을 먹을까, 무엇을 마실까, 무엇을 입을까, 목숨을 부지하기 위한 이러한 것들에 대해 걱정하지 않게 하옵소서.[19] 주를 의지하여 편부모의 처지에 대한 모든 걱정을 벗어 버리게 하여 주시고, 제 인생의 현재 형편에 대해서 주의 사랑과 평안으로 자족하는 법을 배우게 하여 주옵소서.[20] 저는 주님께서 완벽한 방법으로, 완벽한 시간에, 저의 모든 필요를 채워 주시리라 믿습니다.[21] 감사합니다. 아버지!

인용 성구

(1) 히 4:16, (2) 시 46:1, (3) 시 48:1, (4) 시 48:14, (5) 시 50:15, (6) 시 61:1~2, (7) 시 61:2, (8) 시 127:3, (9) 시 68:5, (10) 시 68:6, (11) 히 13:6, (12) 히 13:8, (13) 벧전 5:7, (14) 눅 10:42, (15) 약 1:5, (16) 잠 3:5~6, (17) 시 23:1, (18) 히 13:5~6, (19) 마 6:25~34, (20) 빌 4:11, (21) 빌 4:19

영성

Spirituality

모든 것에 최고의 우선순위는 영성이다.

"오직 너희를 위하여 보물을 하늘에 쌓아 두라. 거기는 좀이나 동록이 해하지 못하며 도적이 구멍을 뚫지도 못하고 도적질도 못하느니라"(마 6:20).

기도

하나님 아버지! 진정한 영성은 마음에 관한 문제라는 것을 알게 해 주셔서, 감사를 드립니다. 영에 속하지 않은 사람들은 아버지의 성령의 일들에 대해 알지 못합니다. 성령의 일은 영적으로만 분별할 수 있기 때문입니다.[1] 이 시간, 제 자녀 __________를 위해 기도합니다. 오, 주님! 그가 자신의 마음을 세상적이고 육적인 일에 쏟지 않고, 영적이고 경건한 일에 정진하게 하옵소서. 아버지여! 그의 마음을 감찰하셔서, 항상 자신의 죄를 깨달을 수 있게 하여 주소서. 온 맘과 목숨과 영혼과 힘을 다하여 아버지 하나님을 사랑하고 따르게 하소서.[2]

__________에게 사람은 떡으로만 사는 것이 아니요, 하나님의 입에서 나오는 말씀으로 산다는 것을 깨우쳐 주소서.[3] 오, 주님! 주님의 빛 안에서, 그가 주의 말씀의 빛을 보게 하옵소

서.⁴⁾ 주의 말씀은 그가 가야 할 길의 빛이요, 발의 등불이오니,⁵⁾ 그의 일생 동안 주께서 빛을 비춰 주시사, 모든 진리 가운데로 인도해 주소서.⁶⁾

오, 하나님! ___________에게 정결한 마음을 창조하시고, 그 안에 정직한 영을 새롭게 하여 주소서.⁷⁾ ___________가 일생 동안 언제나 아버지와 아버지의 나라, 아버지의 의를 먼저 구하게 하소서. 그의 나라와 그의 의를 먼저 구함으로, 다른 모든 축복도 함께 받게 하여 주소서.⁸⁾ 세속적인 일로부터 그를 구하여 주시고, 그로 하여금 육으로 난 것은 육이며, 영으로 난 것은 영이라는 것을 깨닫게 하여 주소서.⁹⁾ 육의 생각은 사망을 부르고, 영의 생각은 생명과 평안을 가져온다는 것을 알게 하여 주소서.¹⁰⁾

아버지! 혈과 육은 아버지의 나라를 상속받지 못할 것이나,¹¹⁾ 영적인 사람은 하늘 기업을 상속받게 될 것을 믿습니다. 기도하오니, 제 아이의 삶에 역사하셔서, 그가 하나님의 영으로 인도함을 받는 사람, 진정으로 영적인 사람이 되게 하여 주소서.¹²⁾ 아버지! 그로 하여금 그리스도께서 아버지 하나님의 우편에 앉아 계신 그 나라를 바라보게 하소서.¹³⁾

제 자녀로 하여금 육체의 연습은 약간의 유익이 있으나, 경건의 연습은 범사에 유익하다는 말씀을 기억하게 하소서.¹⁴⁾ 하나님! 그가 늘 깨어 기도할 수 있게 해 주시고,[15] 온 마음을 다 해 주를 사랑하며,[16] 땅끝까지 주님의 증인이 되게 하소서,[17] 그의 평생 동안 주님을 기쁘시게 하는 삶을 살도록 인도하여 주소서.[18] 아버지!

인용성구

(1) 고전 2:14, (2) 마 22:37, (3) 신 8:3, (4) 시 36:9, (5) 시 119:105, (6) 요 16:13, (7) 시 51:10, (8) 마 6:33, (9) 요 3:6, (10) 롬 8:6, (11) 고전 15:50, (12) 롬 8:14, (13) 골 3:1, (14) 딤전 4:8, (15) 눅 11:1, (16) 마 22:37, (17) 행 1:8, (18) 히 13:21

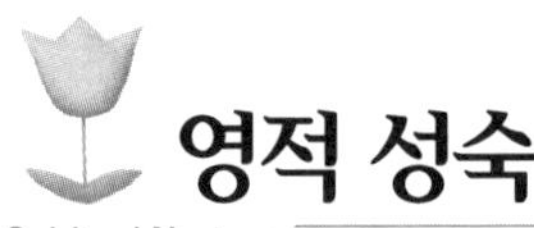

영적 성숙

Spiritual Nurture

하나님을 향해 자라지 않는 것들은 모두 부패하게 된다. – 조지 맥도날드

"아비들아, 너희 자녀를 노엽게 하지 말고 오직 주의 교양과 훈계로 양육하라"(엡 6:4).

 기도

사랑의 주님! 이 시간, 주님 앞에 제 자녀 __________를 위해 기도하고자 나아왔습니다. 주님! 그에게는 일생 동안 주님의 교양과 훈계가 필요합니다. 그가 예수 그리스도와 말씀의 반석 위에 자기의 삶을 든든히 세울 수 있도록, 부모인 제가 그것을 위해 도구가 되기 원합니다.[1]

저를 도와주소서. 그의 지혜와 키가 자라가면서 하나님과 사람들 앞에 더 사랑스러워져 갈 수 있도록 그를 인도해 주소서.[2]

갓 태어난 아기처럼, 그가 신령한 젖인 주의 말씀을 사모하게 하셔서, 말씀으로 자라나게 하여 주소서.[3] 또한 마음속에 주의 말씀을 깊이 간직할 때 죄에서 보호받을 수 있다는 것을 깨닫게 하여 주옵소서.[4] 주님! 그가 주의 말씀을 자기 마음속에 새기고 묵상함으로써, 주께 범죄하지 않도록 인도해 주소서.[5] 주님! 주의 장중 안에 그를 보호해 주셔서,[6] 그가 이 세대의 여러 사상과 교훈들에 흔들리지 않게 하여 주소서.

높으신 하나님! 기도하오니, 제 사랑하는 자녀가 주님의 사랑 안에서 참된 것을 말하고, 범사에 그리스도 예수를 닮아가기까지 자라가게 하여 주소서.[7]

그가 살아가는 동안 경건한 교사들과 목사들, 청년 지도자들을 많이 만나게 하여 주셔서, 하나님께서 그의 인생에 계획하시는 모든 일들이 형통하게 하여 주옵소서. 그래서 우리 주 예수 그리스도의 은혜와 그를 아는 지식에서 더 자라가게 하옵소서. 영광이 이제와 영원까지 세세토록 주께 있습니다.[8]

아버지! 기도하오니, 그의 믿음이 크게 성장하여, 더 많은 사랑을 나누게 하옵소서.[9] 하나님의 이름을 경외함으로써, 그의 삶에 의의 해가 떠올라서 치료의 광선이 비추게 하소서.[10]

오, 하나님! __________안에 정한 마음을 창조하시고, 정직한 영을 새롭게 하소서.[11] 성령으로 충만하게 채워 주시고,[12] 주의 구원의 기쁨을 다시 회복시키시며, 은혜를 베푸사 변치 않는 마음을 주소서.[13] 사랑의 하나님! 이 놀라운 능력의 말씀으로 인하여 감사와 찬송을 드립니다.

 인용 성구

(1) 마 16:18, (2) 눅 2:52, (3) 벧전 2:2, (4) 시 119:9, (5) 시 119:11, (6) 사 40:12, (7) 엡 4:15, (8) 벧후 3:18, (9) 살후 1:3, (10) 말 4:2, (11) 시 51:10, (12) 행 2:38~39, (13) 시 51:12

힘과 활력

Strength and Vitality

하나님의 능력은 진정한 힘의 원천이다.

"여호와 우리 주여 주의 이름이 온 땅에 어찌 그리 아름다운지요. 주의 영광을 하늘 위에 두셨나이다. 주의 대적을 인하여 어린아이와 젖먹이의 입으로 말미암아 권능을 세우심이여, 이는 원수와 보수자로 잠잠케 하려 하심이니이다"(시 8:1-2).

 기도

오, 하나님! 하나님은 우리의 힘이 되어 주시며,[1] 하나님 안에는 생명과 풍성한 양식이 가득합니다.[2] 주님은 강한 성이시며,[3] 생명 바로 그 자체이십니다.[4] 아버지! 기도하오니, 제 자녀 __________도 이 진리를 깨달을 수 있도록 눈을 밝혀 주옵소서. 그리고 성령으로 말미암아 능력을 입어 강건하게 하여 주옵소서.[5]

__________로 하여금 어릴 때나 자라서나 언제나 주를 찾게 하시고, 주님의 능력을 구하게 하여 주옵소서. 그가 언제나 주의 얼굴을 구하게 하옵소서.[6] 그에게 주님이 주시는 기쁨이 우리에게 힘의 근원이 된다는 것을 깨닫게 해 주소서.[7]

나의 힘이 되시는 여호와 하나님! 하나님을 사랑합니다. 제 자

녀도 하나님만이 반석이시며, 요새시며, 구원자이심을 인식할
수 있도록 도와주소서. 주님이 자신의 힘이 되신다는 것을 굳게
믿어서, 환난 날에 주께 부르짖게 하옵소서.[8] 오, 주님! 그로 하
여금 오직 주님만이 빛이시며 구원이시라는 것을 깨달아, 두려
워하지 않게 하시고 영원히 주께서 생명의 능력이심을 고백하
게 하옵소서.[9]

오, 하나님! 하나님은 우리의 구원이시며, 영광이십니다. 우리
의 피할 바위이시며, 피난처이십니다. 제 자녀도 주께서 피난처
가 되시며, 힘이 되어 주신다는 것을 깨달아서, 주 안에서 안전
한 피난처를 찾게 하여 주소서.[10] 언제나 그에게 주의 은혜로 넘
치게 채워 주시니, 감사와 찬송을 드립니다. 부디, 그로 하여금
자신이 약할 때 주의 능력이 더욱 온전하여진다는 것을 깨닫게
해 주시고, 하나님의 아들 우리 주 예수 그리스도의 능력이 항
상 그의 안에 머무르게 하여 주옵소서.[11] 하나님! 그가 주 안에
서 주의 권능으로 더욱 강건해지게 하여 주옵소서.[12]

(1) 시 27:1, (2) 요 10:10, (3) 시 61:3, (4) 요 1:4, (5) 엡 3:16, (6) 고전 16:11, (7)
느 8:10, (8) 시 18:1, (9) 시 27:1, (10) 시 62:7, (11) 고후 12:9, (12) 엡 6:10

학생을 위한 기도

A Student

가장 위대한 선은 지혜이다. – 어거스틴

"네가 진리의 말씀을 옳게 분변하며, 부끄러울 것이 없는 일군으로 인정된 자로 자신을 하나님 앞에 드리기를 힘쓰라"(딤후 2:15).

기도

하나님 아버지! 이 시간, 학업 문제로 여러 가지 새로운 도전과 어려움을 겪고 있는 __________를 위해 기도합니다. 아버지의 지혜를 부어 주셔서, 그에게 지혜가 가장 으뜸이라는 것을 깨닫게 하여 주소서.[1] 그가 적극적으로 지혜를 구하고, 명철을 얻고자 기도할 수 있도록 이끌어 주소서.[2]

아버지의 은혜와 평강이 넘치게 하소서.[3] 하나님! 기도합니다. 아버지께서 다니엘과 그의 세 친구들에게 행하셨던 것처럼, 제 아이에게도 지혜를 주시고 모든 학문과 재주에 탁월하게 하셔서, 그가 모든 학업과 그 외 다른 활동에 있어서도 뛰어난 자질을 보이게 하여 주옵소서.[4]

주께서는 __________의 인생에서 때를 따라 돕는 은혜를 베풀이 주시는 분이심을 믿습니다.[5] 학업 문제가 그 아이를 힘들게 할 때도 주님을 의지하여, 주께 부르짖을 수 있게 하여 주옵소서.

__________로 하여금, 하나님께서 자신을 향한 계획과 뜻을 갖고 계심을 깨달을 수 있게 하시고,[6] 그가 자신을 위한 주의 계획하심에 적극적으로 동참하고 따를 수 있도록 동기를 부여해 주소서. 모든 나쁜 영향력으로부터 그를 보호해 주소서.

그의 마음이 항상 주께 머무르게 하여 주소서.[7] 이 세상의 철학과 사상들이 믿음을 방해할 때도 항상 주님만을 향하게 도와주시고, 믿음의 주요, 온전케 하시는 우리 주 예수 그리스도를 바라보며, 인내로 믿음의 경주를 하게 하여 주옵소서.[8]

저 또한 __________를 위하여 기도하고, 보살피는 책임에 최선을 다할 수 있도록 인도해 주소서. 그에게 용기를 주고, 아이의 말에 귀를 기울이며, 좋은 조언을 아끼지 않게 하여 주소서. 제가 그에게 진실한 친구가 되어 주고, 언제나 사랑해 주며, 포기하지 않게 하여 주소서.[9]

__________가 공부할 때, 마음과 정신이 맑아질 수 있도록 축복해 주소서. 그가 부지런할 수 있게 도와주시고, 해야 할 일을 뒤로 미루는 실수를 하지 않도록 인도해 주소서. 또한 하찮은 일처럼 보이는 일에도 성실한 태도로 임하게 하여 주소서.[10]

그가 시험을 보게 될 때도, 보혜사 성령께서 모든 것을 생각 나게 하시리라는 약속의 말씀을 기억하여, 주님을 의지하게 하여 주소서.[11]

우리가 사는 동안 겪게 되는 다양한 도전과 시험을 모두 통과 할 수 있도록, 모든 것을 채워 주시는 하나님! 감사합니다. __________가 학교에서도 성실하게 자신의 책임을 다할 수 있도록 도와주시옵소서. 그리고 __________가 주께서 자신 에게 주신 능력과 재능에 대해 늘 감사하는 마음을 갖게 해 주소서.[12]

하나님! __________가 공부할 때 아버지께서 __________에 게 늘 새 힘을 부어 주시옵소서.[14] 그가 항상 우리 주 예수 그리 스도의 자취를 좇아가는 데 열심을 품게 하여 주옵소서.[15] 부디 그를 축복해 주시고, 주의 이름을 높이고 영화롭게 하는 도구로 사용하여 주소서.

![인용성구]

(1) 잠 4:7, (2) 잠 4:5, (3) 딤전 1:2, (4) 단 1:17, 5:14, (5) 시 46:1, (6) 렘 29:11, (7) 사 26:3, (8) 히 12:2, (9) 잠 17:17, (10) 눅 16:10, (11) 요 14:26, (12) 엡 5:20, (13) 전 12:12, (14) 사 40:31, (15) 벧전 2:21

성공

성공은 위로부터 오는 것이다 - 헨리 경

"이 율법책을 네 입에서 떠나지 말게 하며, 주야로 그것을 묵상하여 그 가운데 기록한 대로 다 지켜 행하라. 그리하면 네 길이 평탄하게 될 것이라 네가 형통하리라"(수 1:8).

 기도

하나님 아버지! 아버지께서는 우리에게 말씀을 통해 성공의 길을 가르쳐 주셨습니다. 아버지의 말씀 안에는 무궁한 약속들이 담겨 있사오니, 그 약속의 말씀을 인하여 감사를 드립니다. 이 시간, 제 자녀 __________의 앞길을 위해 기도하려고, 아버지 앞에 나왔습니다. 기도를 열납하여 주소서. 그로 하여금, 성공과 행복과 번영을 가져다주는 열쇠는, 바로 우리 주 예수 그리스도를 바로 알고 주의 말씀을 묵상하는 것이라는 것을 일찍 깨달을 수 있도록 인도해 주소서.[1]

오, 주님! 오직 주의 율법을 즐거워하여, 그 율법을 주야로 묵상하는 자가 되게 하여 주소서.[2] 주의 말씀을 사모하여 시냇가에 심긴 나무처럼 시절을 좇아 과실을 맺으며, 그 행사가 다 형통하게 하소서.[3] 전능하신 주의 이름을 찬양합니다.

주님! 주께서 말씀하시기를, 주를 사랑하는 자는 모든 일에서 다 형통하리라고 하셨습니다.[4] 담장 안에는 평안이 깃들고, 거하는 처소에 번영이 가득하게 하소서.[5] 저는 오직, __________가 마음을 다하고 목숨을 다하고 뜻을 다하고 힘을 다하여 주 하나님을 사랑하고,[6] 주께서도 영원하신 사랑으로 그를 사랑해 주시기만을 기도합니다.[7]

바라옵건대, 무엇보다도 제 아이가 인격적으로 주님을 만나서, 영원한 생명을 선물로 받게 하시고,[8] 일생 동안 범사가 잘 되고 강건하게 해 주소서.[9]

주님과의 언약을 지키는 것이 얼마나 중요한지를 깨달아 주의 명령을 온전히 따름으로써, 행하는 모든 일이 형통하게 하여 주소서.[10] 언제나 주의 사랑이 충만하게 임하도록 축복하시고,[11] 부디 그를 눈여겨보아 주소서.[12] 주의 말씀에, 주의 눈은 의로운 자를 살피시며, 주의 귀는 그들의 부르짖는 소리에 귀 기울이신다고 하셨습니다.[13] 하나님! 감사합니다. 아멘.

📖 인용성구

(1) 수 1:8, (2) 시 1:2, (3) 시 1:3, (4) 시 122:6, (5) 시 122:7, (6) 마 22:37, (7) 시 100:5, (8) 롬 6:23, (9) 요삼 1:2, (10) 시 132:12, (11) 시 34:18, (12) 시 32:8, (13) 시 34:15

재능과 기량

Talents and Abilities

우리가 가진 재능은 하나님께서 주신 선물이다.

"하나님의 신을 그에게 충만하게 하여 지혜와 총명과 지식과 여러 가지 재주로"(출 31:3).

 기도

하나님 아버지! 이 시간, 제 자녀 __________를 위해 기도드립니다. 그가 하나님 없이는 아무 것도 할 수 없다는 것을 깨닫게 해 주소서.[1] 하지만, 믿는 자에게는 능치 못함이 없는 줄 믿습니다.[2] 기도하오니, 제 아이가 기적을 일으키는 하나님의 능력을 믿게 하여 주옵소서.

__________로 하여금, 주가 없이는 아무 것도 할 수 없다는 것을 깨달을 수 있게 해 주소서.[3] 그러나, 주를 힘입어서는 모든 것을 성취할 수 있다는 것 또한 가르쳐 주소서.[4] 주는 토기장이시며 우리는 진흙이라는 사실을 항상 마음에 새기게 해 주시고,[5] 토기장이이신 주님께서 자신을 주의 형상을 따라서 조성하시고 만들어 주신다는 것을 깨닫게 해 주소서.[6] 주님! 주의 솜씨로 이처럼 그의 삶을 빚어 주시니, 감사를 드립니다.[7]

오, 하나님! 그가 아버지께로부터 봉인된 명령을 부여받고 이 땅에 태어난 것을 믿습니다. 기도하오니, 그가 자신의 소명을 발견하도록 도와주시고, 만족은 하나님이 주시는 것임을 깨닫게 하여 주소서.[8] 그리고 그가 자기 안에 내재된 재능을 무시하지 않게 해 주소서.[9] 기도하오니, _________가 자신을 주께 온전히 맡겨서, 주께서 그를 위해 예비해 두신 모든 것을 누리게 해 주소서.

하나님은 빛의 아버지로서 각종 좋은 은사와 선물을 내려 주시는 분이십니다.[10] 바라옵건대, 제 자녀가 이 진리를 좀 더 일찍 깨닫고, 하나님께 감사하게 하소서. 그 아이로 하여금, 오직 하나님 한 분과 하나님께서 자기 인생에 역사하시는 모든 것을 인하여, 범사에 감사하고, 쉬지 않고 기도하며, 항상 기뻐할 수 있도록 인도해 주소서.[11]

아버지! 모든 일에서 있어서, 그에게 주의 도를 가르쳐 주소서.[12] 주의 뜻을 나타내 보여 주소서. 그가 기쁨으로 주의 도를 따르고, 주께서 하시는 모든 명령에 "예"라고 대답할 수 있도록 인도해 주소서.[13] 그리고 자신의 재능은 주의 이름을 영화롭게 하기 위해 하나님께서 주신 것이라는 사실을 *깨닫게* 하셔서, 결코 주께서 선물하신 재능을 낭비하거나 무시하지 않게 하여 주소서.[14] 만물이 다 아버지 하나님으로 말미암아 났다는 것을 알게 하여 주소서.[16]

주님! _________에게 능력과 재능을 선물해 주시니, 감사
를 드립니다. 그 아이가 자신의 재능을 발견할 수 있도록 더
욱 용기를 주시고, 이 땅에 아버지의 나라를 세우는 데 헌신
할 수 있도록 인도해 주소서.

(1) 마 17:20, (2) 막 9:23, (3) 요 15:5, (4) 빌 4:13, (5) 사 64:8, (6) 롬 8:29, (7)
엡 2:10, (8) 고후 3:5, (9) 딤전 4:14, (10) 약 1:17, (11) 살전 5:16~18, (12) 시
18:30, (13) 시 40:8, (14) 마 25:14~29, (15) 골 1:16

아기를 바라는 기도

To Have a Child

하나님은 당신의 기도를 들으신다.

"우리 가운데서 역사하시는 능력대로 우리의 온갖 구하는 것이나 생각하는 것에 더 넘치도록 능히 하실 이에게, 교회 안에서와 그리스도 예수 안에서 영광이 대대로 영원무궁하기를 원하노라. 아멘"(엡 3:20-21).

기도

하나님 아버지! 우리는 오직 아버지 안에서 살아가고, 움직이며, 숨 쉬고 있습니다.[1] 우리에게 귀한 선물인 아기를 보내 주시는 하나님께 간구합니다. 아이들은 우리의 삶을 행복하게 해 줍니다. 이 시간, 주님 앞에 감사와 믿음으로 나아갑니다. 주를 의지하오니 저를 축복하셔서 아기를 갖게 하시고, 그를 주 안에서 그리스도의 교양과 훈계로 잘 양육할 수 있도록 축복해 주소서.[2] 저로 하여금, 자녀는 하나님의 유업이며, 태의 열매는 하나님께서 주의 백성들에게 주시는 상급이라는 것을 체험케 하여 주소서.[3]

아버지께서는 사라[4]와 한나[5]처럼 수태하지 못하는 여인들을 불쌍히 여기사, 기쁨이 넘치는 어머니로 만들어 주셨습니다. 사라는 믿음으로 잉태할 힘을 얻었습니다. 그녀는 하나님의

신실하심을 믿었기에, 경수가 끊어진 나이에도 아이를 갖게 되었습니다.[6]

저에게도 믿음을 주소서. 아기를 바라는 문제에 있어서, 전적으로 주를 믿고 의지하게 하여 주소서. 하나님! 아버지의 뜻이 이루어지리라 믿습니다.[7] 제가 낙심하지 않도록 믿음과 소망을 주옵소서. 제 마음을 주장하셔서, 다른 사람들의 부정적인 말로 인하여 당황하거나 마음 상하지 않게 하여 주옵소서.[8]

아버지께서 젊어서 낳은 자식은 용사의 손에 쥐어 있는 화살과 같으며, 그 화살이 전통에 가득한 자는 복이 있다고 하셨습니다. 그리고 그들이 성문에서 원수들과 담판할 때에도 부끄러움을 당치 않으리라고 말씀하였습니다.[9] 이 약속의 말씀을 부디 저에게도 허락하여 주소서. 아버지!

하나님께서는 우리에게 말씀을 통해 기도 응답에 대한 많은 약속을 주셨습니다. 감사합니다. 아버지께서는, 우리가 하나님의 계명을 지키고 하나님께서 기쁘시게 하면, 구하는 것은 무엇이든지 받게 될 것이라고 말씀해 주셨습니다.[10]

감사합니다. 아버지! 기도를 들어주시니 감사합니다. 제가 아버지의 말씀대로 아버지의 뜻에 따라 기도할 때 제 기도를 들어주시고, 제 기도에 응답해 주시리라고 믿습니다.[11] 아버지!

저는 아버지 안에서 확신을 가지고 있습니다. 제 마음의 소원을 들어주시리라고 약속해 주시니 감사를 드립니다.[12] 하나님! 아기를 가질 수 있도록 축복해 주시고, 주의 다스리심 아래서 좋은 부모가 될 수 있게 하옵소서.

인용성구

(1) 행 17:28, (2) 엡 6:4, (3) 시 127:3, (4) 시 113:9, (5) 삼상 1:20, 2:1~2, (6) 히 11:11, (7) 눅 11:2, (8) 시 22:4~5, (9) 시 127:4~5, (10) 요일 3:22~23, (11) 요일 5:14, (12) 시 37:4

문제에 처한 자녀들

A Troubled Youth

모든 아이들은 각자 자신만의 소명을 가지고 있다.

"청년이 무엇으로 그 행실을 깨끗케 하리이까, 주의 말씀을 따라 삼갈 것 이니이다. 내가 전심으로 주를 찾았사오니 주의 계명에서 떠나지 말게 하소서. 내가 주께 범죄치 아니하려 하여 주의 말씀을 내 마음에 두었나이다"(시 119:9-11).

 기도

아버지 하나님! 지금 곤란한 지경에 처한 제 자녀 _________의 삶 가운데 역사하여 주소서. 기도하오니, 그가 전심으로 주를 찾게 하여 주옵소서. 그가 주의 계명[1]을 따르고, 부모에게 순종[2]할 수 있도록 늘 일깨워 주소서. 모든 악에서 보호하시고 감싸 주소서.[3] 그의 생명을 노리는 악한 원수들의 모든 궤계와 술책들을 지금 이 순간 주 예수 그리스도의 이름으로 멸하여 주소서.[4]

_________로 하여금, 자신에게 하나님이 필요하다는 사실을 각인시켜 주시고, 풍성한 삶으로 인도해 주소서.[5] 저는 하나님께서 그를 위해 계획하고 뜻하시는 바가 있다고 믿습니다. 그로 인해 감사를 드립니다.[6]

자신의 아버지에게로 돌아가야 한다는 것을 깨달은 탕자처럼, __________도 부디 이것을 깨닫게 하여 주소서.[7] __________가 우리 가족과 하나님의 곁으로 다시 돌아올 수 있게 하여 주소서. 오, 아버지! 간구합니다.

주님! __________의 마음을 주님과 저에게로 다시 돌이켜 주소서. 제 마음도 그를 향할 수 있도록 도와주소서.[8] 저희는 지금 그의 불순종과 반항으로 어려운 시간을 보내고 있습니다. 하지만, 주님! 주님은 사탄의 어떤 역사보다도 강한 분이십니다. __________이 불순종의 삶에서 돌이키게 하여 주옵소서. 감사합니다. 이처럼 주의 백성들로 하여금 주님 맞을 준비를 하게 해 주시니,[9] 감사를 드립니다.

__________로 하여금, 청년의 때, 즉 곤고한 날이 이르고 낙이 없다고 할 날이 이르기 전에, 주를 기억할 수 있게 하여 주소서.[10] 동년배 그룹 사이에서 생길 수 있는 나쁜 영향으로부터 그를 보호하여 주소서.

나의 하나님! 나의 아버지! 아버지께서는 우리의 안내자가 되어 주십니다.[11] 이 세대의 젊은이들, 특히 제 자녀 __________로 하여금 좀 더 일찍 주를 발견하게 하시고, 이 세대에 만연한 사상과 풍조에서 자유로울 수 있게 하여 주소서. 그가 주 안에서 안식을 찾게 될 때까지, 끊임없이 __________와 동행하여 주소서.

(1) 시 119:9, (2) 엡 6:1, (3) 마 6:13, (4) 엡 6:11, (5) 요 10:10, (6) 렘 29:11, (7) 눅 15:11~32, (8) 말 4:5~6, (9) 눅 1:16~17, (10) 전 12:1, (11) 렘 3:4

진실함과 정직함

Truth and Honesty

진실은 사탄을 부끄럽게 만든다. – 토마스 풀러

"우리가 다 그의 충만한 데서 받으니 은혜 위에 은혜러라. 율법은 모세로 말미암아 주신 것이요, 은혜와 진리는 예수 그리스도로 말미암아 온 것이라"(요 1:16~17).

 기도

온 우주를 통치하시는 우리 하나님 아버지! 제 자녀 ＿＿＿＿＿ ＿＿＿＿＿를 위하여 이 시간 아버지 앞에 나아옵니다. 그가 언제나 진실과 정직을 사랑할 수 있게 하여 주소서. 아버지의 말씀은 진실하오니, 감사를 드립니다. 부디, ＿＿＿＿＿＿에게 이처럼 진실한 하나님의 말씀을 사모하는 열정을 심어 주셔서, 진리와 정직 안에서 행하게 하여 주소서.[2]

천지는 없어져도, 아버지의 말씀은 결코 없어지지 않습니다.[3] 감사합니다. 아버지! 이 말씀을 인하여 감사를 드리며, 아버지께서 베푸시는 모든 거룩한 약속의 말씀을 인하여 감사를 드립니다. 제 아이가 항상 진리와 평화를 사랑할 수 있도록 인도해 주소서.[4]

아버지! 아버지께서는 세우신 계획을 성실하게 이루시는 분이십니다.[5] 제 아이의 일생 동안 끊임없이 인도하여 주소서. 주님께서는 진리에 속한 사람은 주의 말씀을 듣는다고 말씀하셨습니다.[6] __________도 주의 말씀을 듣는 사람이 되게 하소서. 양은 목자의 목소리를 알며, 목자 또한 양을 안다 하셨사오니, 이 말씀을 인하여 감사를 드립니다. 선한 목자 되신 주님! __________로 하여금, 언제나 주 안에서 안전히 거할 수 있도록 지켜 주시옵소서.[8]

기도드리오니, 제 자녀가 진리를 사되, 어떤 무엇과도 바꾸지 않게 하여 주소서.[9] 그가 오직 사랑 안에서 진리를 말하며,[10] 무엇보다 먼저 주님을 증거하게 하소서.[11]

아버지! 감사합니다. 주의 진실하심은 대대에 미치리라 하셨습니다.[12] 하나님의 아들 우리 구주 예수 그리스도는 길이요 진리요 생명이십니다.[13] 그의 손으로 하시는 모든 역사는 진실하시며 공의로우십니다. 그의 모든 법도 확실하고 진실합니다.[14] 이제 __________를 위해 기도드리오니, 주여! 그가 일찍 이 진리를 깨닫게 하여 주소서. 그 진리로 그를 자유케 하여 주소서.[15]

오, 주님! 제 자녀가 주의 빛으로 나아가게 하여 주소서. 빛 가운데에서 그 행위가 명백히 드러나게 하시고,[16] 항상 진실과 정직으로 행하기를 소원합니다. 그를 진리로 거룩하게 하여 주소서.[17] 진리는 예수 안에 있사오니, 이로 인하여 제 마음에 기쁨이 넘칩니다.[18] 주님! 기도하오니, 제 자녀가 거짓이 없으신 주님을 좇아 행할 수 있도록 가르쳐 주셔서, 모든 거짓과 기만으로부터 보호받게 하여 주소서. 주님의 제자 요한의 고백처럼, 제게는 그가 진리 안에서 살아간다는 소식을 듣는 것보다 더한 기쁨이 없을 것입니다.[19]

(1) 요 17:17, (2) 요삼 1:4, (3) 마 24:35, (4) 슥 8:19, (5) 사 25:1, (6) 요 18:37, (7) 요 10:27, (8) 시 23:1, (9) 잠 23:23, (10) 엡 4:15, (11) 요 18:37, (12) 시 100:5, (13) 요 14:6, (14) 시 111:7, (15) 요 8:32, (16) 요 3:21, (17) 요 17:17, (18) 엡 4:21, (19) 요삼 1:4

태중의 자녀

모든 아기는 귀중한 선물이다.

"주께서 내 장부를 지으시며 나의 모태에서 나를 조직하셨나이다. 내가 주께 감사하옴은 나를 지으심이 신묘막측하심이라. 주의 행사가 기이함을 내 영혼이 잘 아나이다"(시 139:13-14).

 기도

하나님 아버지! 감사합니다. 아버지께서 지으신 이 작고 귀한 생명, 소중하고 아름다운 선물로 인하여 감사를 드립니다. 우리 가정에 새 아기를 가족의 일원으로 맞이하게 하시니, 얼마나 기쁜지 이루 말할 수 없습니다. 아버지! 저희에게 아기를 보내 주셔서 감사와 찬양을 드립니다. 진정 그를 지으신 주의 솜씨는 기이하고 놀라울 따름입니다.[1]

태중에 있는 아기를 주의 사랑으로 빚어 주소서.[2] 그가 하나님의 존재를 초자연적으로 느끼며 뛰놀게 하소서.[3] 항상 주께서 자기와 함께 하신다는 것을 알게 하시고,[4] 충만한 기쁨을 느끼게 하여 주소서.[5] 그가 항상 주의 성령에 민감하게 하시고, 진리 안에서 행하게 하소서.[6] 그가 우리와 함께 인연을 맺게 될 때, 주 하나님과도 연합할 수 있게 하여 주옵

소서.[7]

감사합니다. 하나님! 아버지께서는 이 아기가 태중 은밀한 곳에서 지음을 받을 때에도, 이미 아기의 형질을 모두 보셨나이다.[8] 아버지는 그를 잘 알고 계십니다.

하나님! 바로 이 순간부터 그를 불러 주시고, 주께 응답할 수 있도록 그 심장을 조성해 주소서.[9] 모태에서 이 귀한 아기를 지으실 때에 건강과 힘, 생명력을 충만하게 부어 주소서.[10]

부디, 해산을 할 때도 자연스럽고,[11] 안전하고,[12] 평안하게 하소서.[13] 모태에서 나올 때부터, 주를 신뢰하는 법을 배우게 하시고,[14] 태중에서부터 하나님을 알게 하여 주옵소서.[15]

아기에게 지금 힘을 주소서, 아버지! 전심을 다해 주를 믿게 하소서. 태중에 있을 때부터 인도해 주시고,[16] 주의 뜻하신 바에 따라 그를 빚어 주소서.[17] 모태에서부터 주의 성실한 종으로 만들어 주소서.[18]

오, 예수님! 주께서는 어린아이를 사랑한다 하셨사오니, 감사를 드립니다.[19] 주의 선하심으로 인하여 제 마음이 기쁘고, 주의 성실하심과 그 구원의 은총에 감사를 드립니다.[20] 제 일생과 이 태중의 아기의 미래를 주님과 주의 일을 위하여 헌신하기 원합니다.

 **인용 성구**

(1) 시 139:14, (2) 시 139:13, (3) 눅 1:41, (4) 시 139:7, (5) 시 16:11, (6) 요 16:13, (7) 고후 6:16, (8) 시 139:15, (9) 사 49:1, (10) 사 44:2, (11) 딤전 2:15, (12) 시 4:8, (13) 시 29:11, (14) 시 22:9, (15) 시 22:10, (16) 시 71:6, (17) 욥 31:15, (18) 사 49:5, (19) 마 19:14, (20) 삼상 2:1

천직

기도하듯이 일하는 사람은 하나님께 자기 마음을 손으로 드리는 것과 같다.
– 성 베르나르

"또 너희에게 명한 것 같이 종용하여 자기 일을 하고 너희 손으로 일하기
를 힘쓰라. 이는 외인을 대하여 단정히 행하고 또한 아무 궁핍함이 없게
하려 함이라"(살전 4:11-12).

 기도

하나님 아버지! 이 시간, 제 자녀 __________를 위해 아버지
께 기도합니다. 그가 하나님 아버지의 뜻에 온전히 합당한 진
로를 선택할 수 있도록 인도해 주소서. 아버지! 기도하오니,
그에게 할 일을 맡겨 주셔서, 자신이 능력이 있고 가치 있는
존재임을 느끼게 해 주소서. 그리고 사람들에게 사랑의 빚 외
에는 결코 빚지지 않게 하여 주소서.[1]

__________에게 힘을 주시고 자질을 부여해 주셔서, 주께서
소명으로 부르신 일에 합당한 사람이 되게 하여 주소서. 그의
손이 결코 약해지지 않도록 시켜 주소서. 하나님께서 그를
위한 특별한 소명을 준비해 두셨다는 것을 깨닫게 하시고, 자
신이 하는 일이 언제나 하나님께 보상받으리라는 것을 믿을
수 있게 하여 주소서.[2]

일이 바라는 대로 되지 않을 때에도, 오히려 기뻐할 수 있는 은혜를 허락하소서. 믿음의 시련이 인내를 만들어 내어, 자신의 인생에 도리어 유익이 된다는 것을 깨닫게 하소서. 그가 살아가는 동안 온전히 인내하여, 완전하고 부족함이 없는 사람이 될 수 있도록 인도해 주소서.[3]

하나님! ＿＿＿＿＿＿를 축복하사, 믿음의 은사를 주소서. 믿음으로 하나님 앞에서 의롭다 여김을 받는다는 것을 항상 명심하게 하소서.[4] 또한, 모든 축복은 하나님과 하나님의 아들 예수를 믿는 믿음에서 비롯된다는 것을 기억하게 하소서. 빛의 아버지이신 하나님은 각양 좋은 은사와 온전한 선물을 주시는 분이시며, 하나님은 변함도 없으시고, 회전하는 그림자조차 없으십니다. 제 아이로 하여금, 자기 인생에 대한 주의 뜻을 헤아릴 수 있도록 그의 일생에 빛을 비춰 주시옵소서. 감사합니다.

아버지! 아버지께서는 사람이 하나님의 비전을 받지 못하면 망하리라고 말씀하셨습니다.[6] 꿈과 비전을 주셔서, 그의 인생에서 목표를 가지고 달려 나갈 수 있도록 인도해 주소서.[7]

오, 하나님! 아버지께서는 권세 있는 자를 그 자리에서 내치기도 하시고, 비천한 자를 높이기도 합니다.[8] 지금 이 순간, ＿＿＿＿＿＿를 위해 일할 곳을 준비해 주시고, 주께서 주신 모든 특별한 재능과 자질을 활용할 수 있게 하여 주소서.

(1) 롬 13:8, (2) 대하 15:7, (3) 약 1:1~4, (4) 갈 3:6, (5) 약 1:17, (6) 잠 29:18, (7) 요 16:13, (8) 눅 1:52

자족하는 삶

Walking in Contentment

만족할 줄 아는 마음은 이 세상에서 가장 귀한 축복이다. - 조셉 에디슨

"그러나 자족하는 마음이 있으면 경건이 큰 이익이 되느니라. 우리가 세상에 아무것도 가지고 온 것이 없으매 또한 아무 것도 가지고 가지 못하리니, 우리가 먹을 것과 입을 것이 있은즉 족한 줄로 알 것이니라"(딤전 6:6-8).

기도

주님! 저로 하여금, 진정한 만족이 무엇인지 깨닫게 하여 주소서. 제가 제 자녀 _________ 앞에서 평화와 기쁨을 가져다주는 그 축복에 대해 먼저 본을 보이게 하여 주옵소서. 그가 일생을 살면서 어떤 형편에 처하든지 자족하는 법을 배우게 하여 주옵소서.[1] 또, 초조한 마음으로 이 세상의 정욕을 찾아다니지 않게 하시고, 자유로울 수 있게 하여 주옵소서.[2] 그로 하여금, 진정한 평안과 만족은, 주님을 믿고 주의 말씀에 순종함으로써 얻을 수 있다는 것을 깨닫게 하여 주소서.[3] 그가 비천에 처할 줄도 알고 풍부에 처할 줄도 알아, 힘들 때나 좋을 때나 주를 가까이 하고 주를 신뢰하게 하여 주소서.[4] 능력 주시는 예수 그리스도 안에서 어떤 것이라도 대처하고 참아낼 수 있다는 것을 깨닫게 하시고, _________가 주님 안

에서 진정한 만족감을 발견하고 누리게 하소서.[5] 주님! 인도
해 주시옵소서.

___________에게 주님이 언제나 함께 계시다는 놀라운 사실
을 깨닫게 하여 주소서. 그로 인해, 그가 주님이 주시는 진정
한 영적인 만족감[6]과 평화로운 마음,[7] 안정감[8]을 알게 하여
주소서. 필요한 만큼의 양식으로 그를 먹여 주시고, 주께서
주시는 모든 것에 만족할 줄 알게 하여 주소서.[9] 그에게 모든
지각에 뛰어나신 아버지의 영화로운 평강을 내려 주소서.[10]

하나님! 부디 제 자녀의 마음에서 모든 탐욕과 질투가 사라지
게 하소서.[11] 그리고 물질적인 부가 행복을 가져다주는 것이
아니라는 것을 깨닫게 하여 주소서.[12] 또한 모든 쓸 것을 채워
주시는[13] 주님을 신뢰하게 하여 주시고,[14] 하나님께서 결코 자
신을 떠나지도 버리시지도 않으시리라는 것을 깨달아, 완전
한 만족감을 얻게 하여 주소서.[15]

그 아이가 하나님께서 주신 물질적인 축복을 감사함으로 받
을 수 있게 하여 주소서.[16] 또한, 그 축복을 잘 다룰 수 있는
지혜를 주셔서 기쁜 마음으로 받으며, 주의 나라를 위해 사
용하고 다른 사람과도 나눌 수 있게 하여 주소서.[18] 아버지
하나님! 그가 이와 같이 행할 때에, 축복하여 주시리라고 믿
습니다. 이를 통해 그가 특별한 내적 만족감을 얻게 될 줄 믿

습니다.[19]

__________로 하여금, 주께서 자신의 도움이 되어 주시므로, 결코 두려워할 필요가 없다는 것을 깨닫게 해 주소서.[20] 기도하오니, 그로 하여금, 주의 백성들은 결코 배고픔을 당하지도, 주리지도 않을 것이며,[21] 주께서는 의인들을 결코 버리지 않으신다는 것을 알게 하여 주옵소서.[22] 그리고 자신의 잔이 언제나 주님이 주시는 축복으로 넘치게 될 것이라는 믿음을 갖게 해 주옵소서.[23]

부디, 아버지여! 제 아이에게 풍성한 생명을 허락하여 주소서.[24] 그에게 아버지 하나님은 우리가 구하는 것을 생각할 수 있는 것 이상으로 더 넘치도록 기꺼이 주시는 분이시라는 것을 깨닫게 해 주소서.[25] 아버지! 경건한 마음을 통해 진정한 만족을 얻게 됨을 알게 하시고 그의 마음에 영원토록 그것을 부어 주소서.

(1) 빌 4:11, (2) 딛 2:12, (3) 히 4, (4) 빌 4:12, (5) 빌 4:13, (6) 히 13:5, (7) 골 3:15, (8) 히 4:1, (9) 잠 30:8, (10) 빌 4:7, (11) 히 13:5, (12) 롬 14:17, (13) 빌 4:19, (14) 잠 3:5~6, (15) 히 13:5, (16) 딤전 6:8, (17) 약 1:5, (18) 마 10:8, (19) 요 13:17, (20) 히 13:6, (21) 계 7:16, (22) 시 37:25, (23) 시 23:5, (24) 요 10:10, (25) 엡 3:20, (26) 딤전 6:6~8

믿음으로 사는 삶

믿음은 느낄 수 없고, 볼 수도 없으며, 논리도 없다. 다만 하나님, 그분의 말씀을 받아들일 뿐이다.

"믿음은 바라는 것들의 실상이요, 보지 못하는 것들의 증거니…… 믿음이 없이는 기쁘시게 못하나니, 하나님께 나아가는 자는 반드시 그가 계신 것과 또한 그가 자기를 찾는 자들에게 상 주시는 이심을 믿어야 할찌니라" (히 11:1, 6).

기도

영원하신 우리 아버지 하나님! 제 자녀 __________에게 은혜를 베푸시어, 그가 아버지의 말씀을 통해 믿음 안에서 행하게 하여 주소서.[1] 진실로 믿는 자에게는 능치 못함이 없다는 것을 그 마음에 깨달을 수 있게 도와주소서.[2] 그가 힘을 내어서 믿음에 덕을 더하고, 그 덕에 지식을 더하며, 지식에 절제를, 절제에 인내를, 인내에 경건을, 또 그 위에 형제 우애와 사랑을 더할 수 있게 하여 주소서.[3]

세 자녀에게, 무엇이든지 믿음으로 하지 않은 것은 죄라는 사실을 깨우쳐 주소서.[4] 그리고, 아버지의 말씀은 믿음으로 들어가는 문을 여는 열쇠라는 것을 깨닫게 하여 주소서. 믿음으로 사는 것이 무엇보다도 가장 흥미진진하고 멋진 생활 방식이라는 것을 깨닫게 하여 주소서.

아버지! 의심이 그의 믿음을 위협할 때도, 아버지께서 그의 믿음을 더하여 주시옵소서.[5] 의심은 하나님을 대적하여 일어나는 것임을 온전히 깨닫게 하셔서, 모든 의심을 떨쳐버릴 수 있는 힘을 주소서.[6] 제 아이가 두 마음을 품지 않도록 지켜 주시옵소서.[7] 오직 한결같은 마음으로 믿음을 지키고, 믿음의 주요, 온전케 하시는 예수 그리스도를 바라볼 수 있게 하여 주소서.[8]

__________로 하여금, 의인은 오직 주 하나님을 믿는 믿음으로 말미암아 살게 되리라는 말씀을 깨닫게 하여 주소서.[9] 주께서 그의 일생을 이끌어 주시고 인도해 주셔서, 산을 옮기는 믿음을 허락하여 주소서. 주께서 주시는 믿음으로 행하는 자에게는 불가능이 없다는 것을 알기에,[10] 간절히 기도드립니다. 그에게 충만한 믿음을 주셔서, 믿음으로 인생의 문제들을 극복할 수 있게 해 주시옵소서.

그리고 __________가 주의 말씀을 주야로 묵상하고 마음에 새기는 사람이 되게 하여 주소서.[11] 성경을 통해서 주님이 주시는 믿음과 영감과 지혜를 충만히 받게 하여 주소서.[12]

오, 주님! 제 아이가 스데반 집사처럼 은혜와 믿음과 능력이 충만해서, 주의 이름을 위하여 위대한 하나님의 사람이 되기를 바랍니다.[13] 부디, __________가 언제나 믿음 안에 거하고, 믿음 위에 터를 다지며, 굳게 뿌리를 내려서 복음에서 멀어지지 않게 하여 주옵소서.[14] 하나님 아버지! 제 자녀의 마음에 부어 주신 하나님의 은혜와 사랑에 대하여 언제나 감사를 드립니다.[15] 할렐루야!

(1) 롬 10:17, (2) 막 9:23, (3) 벧후 1:5~7, (4) 롬 14:22~23, (5) 눅 17:5, (6) 고후 10:5, (7) 약 1:6~8, (8) 히 12:2, (9) 합 2:4, (10) 마 17:20, (11) 시 1:2, (12) 잠 2:6, (13) 행 6:8, (14) 골 1:23, (15) 엡 2:8~9

성실한 마음으로 사는 삶

Walking in Faithfulness

우리 마음이 믿음으로 가득 찰 때, 성실하게 행할 수 있다.

"주인이 이르되 잘 하였도다, 착하고 충성된 종아. 네가 작은 일에 충성하였으매 내가 많은 것으로 네게 맡기리니, 네 주인의 즐거움에 참예할찌어다 하고"(마 25:23).

 기도

오, 하나님 아버지! 아버지의 성실하심이 크고도 큽니다.[1] 제 자녀 __________도 아버지의 성령을 힘입어서, 성실한 태도를 배울 수 있게 해 주소서. 그 아이가 성령의 열매를 많이 맺고, 인생에서 큰 일뿐만 아니라 작은 일에서도 성실한 태도로 임하는 사람이 되기를 소원합니다. 주님! 그가 작은 일에 충성할 때, 주께서 하늘나라의 큰 일도 맡기실 것이라는 것을 깨달을 수 있게 도와주소서.[2]

그로 하여금, 성실함은 믿음에서 비롯되며, 끈기와 신실함, 확고부동한 마음과 그 뜻을 같이 한다는 것을 깨닫게 하여 주소서.[3] 또한, 이런 자질들은, 그가 우선순위를 바로 세울 때 얻을 수 있다는 것도 깨닫게 하여 주소서. 아버지 하나님께서 성실한 태도를 얼마나 중요하게 생각하시는지 알게 하여 주소서.[4]

그가 항상 하나님과 사람들에게, 개인적인 모든 책임과 가치 있는 일에 대하여 성실하게 임함으로써, 사람들이 그를 신뢰할 수 있는 사람이라고 생각할 수 있게 하여 주소서.[5]

제 자신도 항상 제 자녀 앞에서 성실의 본을 보일 수 있도록 도와주소서. 그가 항상 저를 약속을 지키는 사람으로 여길 수 있도록 인도해 주소서. 아버지 하나님! 제가 살면서 성실의 열매를 맺을 수 있도록 도와주시니, 감사를 드립니다.[6] 기도하오니, 그가 저를 통해 성실한 태도를 배워서, 그도 지금 이 순간부터 동일한 열매를 맺게 하여 주소서.

그가 주께서 믿고 맡기실 만한 착하고 충성된 청지기가 되게 하여 주소서.[7] 눈에 보이는 모든 소유물과 재능 또는 그 어떤 것이라도, 자신의 소유물로 여기는 우를 범하지 않게 하여 주옵소서. 땅과 우주에 있는 모든 것이 주의 것이라 하셨습니다.[8] 아버지여! 기도하오니, 그가 매사에 성실히 행하여, 사람들이 제 자녀를 신실하고 의지할 만한 사람이라고 생각할 수 있도록 인도해 주소서.

(1) 애 3:23, (2) 눅 19:17, (3) 살후 3:3, (4) 잠 28:20, (5) 잠 13:17, (6) 갈 5:22, (7) 눅 12:37, (8) 시 24:1

온유한 마음으로 사는 삶

Walking in Gentleness

온유함은 다른 사람에게 친절한 마음으로 대하는 것이다.

"주께서 또 주의 구원하는 방패를 내게 주시며, 주의 오른손이 나를 붙들고 주의 온유함이 나를 크게 하셨나이다"(시 18:35).

 기도

자비로우시며 은혜로우신 하나님! 감사합니다. 아버지! 온유한 마음이 이제 이 세대에서 잊혀져 가고 있습니다. 하지만, 우리에게는, 자비와 절제와 더불어 온유는 성령의 열매입니다.[1] 아버지! 아버지께서는 제 자녀 __________의 인생 속에서 온유의 열매가 자라나기를 원하십니다. 그래서 감사할 따름입니다.

아버지! 그가 진실로 자기 인생의 모든 인간관계에서 친절하게 하시고, 자신의 할 일을 감당할 때도 그리할 수 있도록 인도해 주옵소서. 심지어 하나님과 자기 자신에게 반대하는 사람들에게도 온유한 마음의 빛을 비추게 하소서.[2] __________가 어떤 인간관계에서나 교우관계에 있어서 무례히 행치 않도록 지켜 주시고, 자신을 실망시키는 사람에게도 무례를 범하지 않게 해 주소서.[3]

오, 하나님! __________로 하여금, 주께서는 친절하고 온유
한 마음을 진정 가치 있게 여기신다는 것을 기억하게 해 주소
서. 그래서 자신의 속사람을 썩지 않을 온유한 마음으로 단장
할 수 있게 하여 주소서.[4]

제 아이가 온유한 마음을 연약함으로 혼동하지 않게 하소서.
친절과 온유야말로 진정한 영적인 힘의 근원이라는 것을 깨
닫게 해 주소서. 아버지께서는 말씀을 통해 온유한 마음의 위
력에 대하여 여러 차례 가르쳐 주셨습니다. 감사합니다, 아버
지! 기도하오니, __________가 하나님의 온유하심을 몸소
행했던, 다윗, 야곱, 스데반, 요한, 바울의 삶처럼 자신의 삶
을 가꿔가게 하여 주소서.[5]

하나님 아버지! 우리에게 구주 예수 그리스도를 보내 주셔서,
그 온유하신 영을 대하게 하시니 감사드립니다. 주님께서는
아버지 하나님의 자비하심과 온유하심을 끊임없이 나타내 보
여 주셨습니다.[6] 이처럼 아름다운 하나님의 성품들을 제 아이
의 영혼에도 부어 주소서. 그래서 그로 하여금 온 힘을 다해 하
나님의 아름다운 성품들을 사람들에게 나타내게 하여 주소서.

그가 다른 사람들에게 친절한 마음을 가질 수 있도록 도와주
소서. 사람들에게 부드럽게 대하고, 무슨 허물이 있든지 용서
하게 하소서. 아버지 하나님께서 우리 주님을 인하여 우리를

용서하신 것처럼, 그도 그리할 수 있도록 인도해 주소서.[7]

아버지! __________를 성령으로 충만케 하여 주소서. 성령
을 힘입어, 그가 모든 인간관계에서나 책무에 있어서나 온유
의 열매를 맺을 수 있도록 인도해 주소서.[8]

인용 성구

(1) 갈 5:22, (2) 딤후 2:24, (3) 딛 3:2, (4) 벧전 3:4, (5) 고후 6:1~10, (6) 고후
10:1, (7) 엡 4:32, (8) 갈 5:22

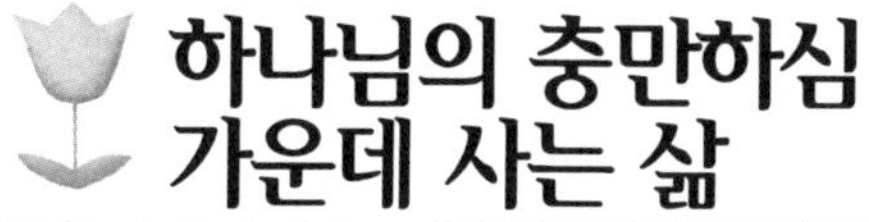

하나님의 충만하심 가운데 사는 삶

Walking in God's Fullness

우리 하나님은 지존하시며 엄위로우시다.

"그러므로 나의 사랑하는 자들아, 너희가 나 있을 때뿐 아니라 더욱 지금 나 없을 때에도 항상 복종하여 두렵고 떨림으로 너희 구원을 이루라"(빌 2:12).

 기도

이 시간, 하나님 앞에 무릎을 꿇고 경배를 드립니다. 하나님! 하나님은 우리 구주 예수 그리스도의 아버지시며, 온 땅과 하늘에 있는 모든 족속에게 이름을 주신 아버지이십니다. 기도하오니, __________에게 영광의 풍성한 은혜를 베푸시어 그 속사람이 하나님의 성령의 능력으로 강건하게 하시며, 믿음으로 말미암아 그리스도께서 그의 마음 가운데 거하실 수 있도록 인도해 주소서. 또한, 그가 사랑 안에서 깊이 뿌리를 내리고 터를 굳건히 하게 하시며, 모든 성도들과 함께 지식을 뛰어넘는 그리스도의 사랑을 알고 체험하게 하소서. 그리하여 그 넓이와 길이와 높이와 깊이가 어떠함을 깨달아, 하나님의 모든 풍성하신 것으로 충만하게 하여 주옵소서.

우리 가운데서 역사하시는 능력으로, 우리가 구하거나 생각

하는 것 이상으로 더욱 넘치게 하시는 주 하나님께 교회 안에
서와 그리스도 예수 안에서 영광이 영원무궁하기를 기도합니
다. 아멘.[1]

(1) 엡 3:14~21

하나님 말씀 안에서 사는 삶

Walking in God's Word

그 누구도 성경의 말씀이 필요하지 않을 만큼 성숙하기란 불가능하다. 성경 말씀은 인생의 연수와 더불어 깊이와 넓이가 더해지기 때문이다. – 찰스 스펄전

> "이 율법책을 네 입에서 떠나지 말게 하며 주야로 그것을 묵상하여 그 가운데 기록한 대로 다 지켜 행하라. 그리하면 네 길이 평탄하게 될 것이라, 네가 형통하리라"(수 1:8).

 기도

하늘에 계신 우리 하나님 아버지! 우리 구주 예수님! 지금 제 자녀를 위하여 이 시간 하나님 앞에 나아옵니다. 기도하오니, 아버지 하나님의 풍성하신 영광으로 그에게 은혜를 더하시어, 성령의 능력으로 그 속사람이 강건하게 하소서.[1] 그가 주의 말씀 안에서 뿌리를 내리고 그 터를 닦게 하셔서, 베뢰아 사람처럼 성경을 매일 상고하게 하소서.[2]

그에게 성경의 비밀을 알려 주소서. 그래서 그가 진리의 말씀을 올바르게 분별하여 가르치는 자가 되어, 부끄러울 것이 없는 일꾼으로 하나님께 인정받게 하여 주소서.[3] 하나님! 주의 말씀은 우리의 발에 등이요, 길에 빛이라 하셨사오니, 그도 지금 이 순간 이 말씀을 깨닫게 하여 주소서.[4]

__________에게 말씀의 위력을 보여 주소서. 아버지의 말씀은 좌우에 날이 선 검보다도 예리하여 혼과 영을 찔러 쪼개며, 사람의 마음에 품은 생각과 뜻을 감찰한다는 것을 깨닫게 해 주소서.[5]

그로 하여금, 하나님의 말씀이 성령의 검과도 같다는 것을 알게 하시고, 자기 인생에 다가오는 적들을 무찌르는 무기라는 것을 깨닫게 해 주소서.[6] 또한, 하나님의 말씀은 악한 영을 쳐부수는 강한 방망이 같은 능력이 있으며, 삶의 티끌과 껍데기를 태워 없애는 불과 같다는 것을 깨닫게 해 주소서.[7]

다른 사람들이 제 아이를 미혹하여 하나님의 말씀으로부터 떼어놓으려 할 때도, 하나님 아버지의 말씀은 진실하시며, 아버지는 당신 자신을 신뢰하는 모든 사람들에게 방패와 강한 성벽이 되어 주신다는 것을 항상 기억할 수 있게 하옵소서.[8] 그로 하여금, 자신의 길을 깨끗케 하려면 삼가 주의 말씀을 따라 살아야 한다는 것을 기억하게 하시고, 주의 말씀을 마음에 깊이 간직하여 주께 범죄하지 않게 하여 주옵소서.[9]

인용 성구

(1) 엡 3:16, (2) 행 17:11, (3) 딤후 2:15, (4) 시 119:105, (5) 히 4:12, (6) 엡 6:17, (7) 렘 23:29, (8) 시 91:4, (9) 시 119:9~11

양선으로 가득한 삶

Walking in Goodness

진실한 선이 하나님께로부터 나오는 것처럼, '선'(goodness)이라는 단어는 '하나님'(God)이라는 단어에서 출발한 것이다.

> "나의 평생에 선하심과 인자하심이 정녕 나를 따르리니, 내가 여호와의 집에 영원히 거하리로다"(시 23:6).

 기도

하늘에 계신 우리 아버지! 아버지 하나님은 모든 선한 것의 창조자이십니다. 이 시간 기도하오니, 제 자녀 ________가 주의 선하심을 맛보아 알게 하여 주옵소서.[1] 아버지는 자비하시며, 은혜로우시며, 노하기를 더디 하시고, 인자와 진실이 풍성한 하나님이십니다.[2] 기도하오니, 그가 일생 동안 양선의 열매를 풍성하게, 끊임없이 맺을 수 있도록 인도해 주소서.[3]

________에게 주는 오직 진실하신 하나님이시며, 그 말씀도 참되시다는 것을 깨우쳐 주소서. 하나님! 하나님께서는 주의 종들에게 선하고 좋은 것을 약속해 주셨습니다.[4] ________가 언제나 주를 최우선으로 섬길 때, 평생 사는 동안 주의 선하심과 인지하신이 정녕 자신을 따르게 되리라는 믿음을 갖게 하여 주소서.[5] 그로 하여금, 자신이 어떤 선한 성품을 가졌든지, 그것은 주님과 맺은 관계에 의해서 나온 것이

라는 것을 깨닫게 하여 주소서.[6] 하나님 한 분 외에는 선한 이
가 없습니다.[7]

간구하오니, _________가 주의 선하심으로 인하여 기뻐하
게 하소서.[8] 주께서 그에게 보여 주신 인자하심과 선하심으로
인하여, 그 마음에 기쁨과 즐거움이 가득하게 하여 주소서.[9]
그가 살아 생전에 주의 선하심을 보게 하소서.[10] 또한, 그 아이
로 하여금, 주를 경외하는 자들을 위하여 주께서 선을 쌓아 두
셨다는 것을 깨닫게 해 주소서.[11]

오, 하나님! 하나님의 사랑과 선하심이 영원하나이다.[12] 그리
고 지금 이 순간, _________에게 그 선하심과 인자하심으
로 가득 채워 주실 것을 믿고, 감사하고 찬양을 드립니다. 주
의 선하심으로 그 영혼을 부디 만족케 하여 주소서.[13]

주님! 주께서는 주의 길로 행하는 모든 자들에게 그 선하심을
보이십니다. 이 말씀을 의지하여 감사를 드립니다.[14] 기도하
오니, _________가 항상 주의 인자하심과 선하심 가운데
거하게 하시고, 다른 사람들에게도 주의 인자하심을 나타내
보이게 하소서. 그가 경건한 삶을 살고, 이웃들에게 사랑으로
권면하는 자 되게 하소서.[15]

하나님! 부디 _________에게 주의 양선과 의와 진실로 가

득 채워 주소서.[16] 아멘.

(1) 시 34:8, (2) 출 34:6, (3) 갈 5:22, (4) 삼하 7:28, (5) 시 23:6, (6) 요 15:5, (7) 눅 18:19, (8) 대하 6:41, (9) 대하 7.10, (10) 시 27:13, (11) 시 31:19, (12)시 52:1, (13) 시 107:9, (14) 롬 11:22, (15) 롬 15:14, (16) 엡 5:9

기쁨이 넘치는 삶

Walking in Joy

기쁨(J-O-Y)은 예수님(Jesus), 타인들(Others), 그리고 상대방(You)을 나타내는 말이다.

"마음의 즐거움은 얼굴을 빛나게 하여도, 마음의 근심은 심령을 상하게 하느니라"(잠 15:13).

 기도

사랑의 하나님! 하나님께서 주시는 기쁨은 사람들에게 힘이 됩니다.[1] 기도하오니, 주의 기쁨을 제 자녀 __________에게도 나누어 주소서. 주께서도 그가 주의 기쁨을 누리기 원하시리라 믿습니다. 그 믿음으로 인해, 저 또한 기쁨이 넘칩니다. 그에게 아버지의 나라에 대해 가르쳐 주소서.

하나님의 나라는 오직 성령 안에서 의와 평강과 희락이 넘칩니다.[2] 그가 믿음으로 구원받게 될 때에, 말할 수 없는 기쁨과 충만한 영광으로 채워 주소서.[3] 구원의 기쁨이 언제나 늘 함께 하게 하소서.

하나님! __________를 주의 성령으로 충만하게 하셔서, 구원의 기쁨을 알게 하여 주소서.[4] 그가 하나님의 그 선하심과 사랑하심으로 인하여, 그리고 아버지의 존재로 인하여, 주 안에서 기뻐하고 또 기뻐하게 하소서.[5] 그가 믿음의 주요, 온전케 하시는 이인 예수를 바라보며,[6] 충만한 기쁨으로 자기 인생길을 달려갈 수 있도록 인도해 주소서.[7]

기도하오니, __________가 기쁨으로 구원의 우물에서 물을 긷게 하여 주옵소서.[8] 하루하루가 여호와 하나님께서 만드신 새로운 날이라는 것을 기억하여, 주의 권능을 찬양하고 즐거워하며 기뻐하게 하소서.[9]

__________로 하여금, 즐거운 마음이 얼굴을 빛나게 한다는 것을 깨닫게 하여 주소서.[10] 그리고 주님! 기도하오니, 그의 표정에 나타나는 기쁨을 보고, 많은 사람들이 주를 믿게 하여 주옵소서. 구원의 옷으로 그를 입혀 주시며, 의의 옷으로 덧입혀 주소서.[11]

__________에게 주의 지혜와 영적 통찰력을 주셔서, 주님 보시기에 합당하게 살아감으로써, 범사에 주를 기쁘시게 하고 선한 열매를 맺게 해 주소서.

그리고 하나님을 아는 지식에서 자라가고, 주의 영광의 능력에서 오는 모든 능력으로 강해지며, 기쁨으로 끝까지 참고 견디게 해 주소서.[12] 범사에 항상 주 하나님 아버지께 감사를 드

리고 찬양하게 하여 주옵소서. [13]

(1) 느 8:10, (2) 롬 14:17, (3) 벧전 1:8~9, (4) 시 51:12, (5) 시 5:11, (6) 히 12:2, (7) 행 20:24, (8) 사 12:3, (9) 시 118:24, (10) 잠 15:13, (11) 사 61:10, (12) 골 1:10~12, (13) 엡 5:20

빛이 가득한 삶

Walking in The Light

하나님께는 어둠이 조금도 없으시다.

"너희가 전에는 어두움이더니 이제는 주 안에서 빛이라. 빛의 자녀들처럼 행하라"(엡 5:8).

 기도

사랑하는 하나님! 아버지께서는 우리에게 빛의 자녀들로서 빛 가운데서 행하라고 명하셨습니다. 그러므로 이제 제 자녀 ___ ________를 위해 기도하오니, 그에게 주의 말씀의 빛 가운데로 행하게 하시고[1] 성령의 계시를 받아 살아가게 하소서.[2]

주의 말씀으로 그의 발을 비춰 주시고, 그의 가는 길을 비춰 주소서.[3] 빛의 자녀로서 빛 가운데로 행하기를 바라시는 주의 뜻을 이룰 수 있도록 인도해 주소서.[4]

그가 주의 닐에 주를 환호하며 맞이하게 하시고, 주의 빛나는 얼굴을 보며 살아가게 하소서. 그가 온종일 주의 이름 안에서 기뻐하게 하시고, 주의 의로우심을 송축하게 하소서.[5]
제 자녀를 구원해 주시고, 그로 인해 빛 가운데 있는 성도들에게 주시는 축복을 누리게 하시니, 아버지께 감사를 드립니다.[6]

우리를 어둠의 권세에서 건져 내 주시고, 아버지의 사랑하는 아들의 나라로 옮겨 주셨사오니, 주의 이름을 찬송하고 높여 드립니다. 주 예수 그리스도의 피로 말미암아, 우리가 구속 곧 죄사함을 받았습니다.[7] 할렐루야!

인용 성구

(1) 시 119:130, (2) 엡 1:17, (3) 시 119:105, (4) 엡 5:8, (5) 시 89:15~16, (6) 골 1:12, (7) 골 1:13~14

사랑으로 가득한 삶

하나님은 사랑이시다.

"사랑 안에 두려움이 없고 온전한 사랑이 두려움을 내어 쫓나니, 두려움에는 형벌이 있음이라. 두려워하는 자는 사랑 안에서 온전히 이루지 못하였느니라. 우리가 사랑함은 그가 먼저 우리를 사랑하셨음이라"(요일 4:18-19).

 기도

하늘에 계신 우리 아버지! 세상을 이처럼 사랑하셔서 독생자를 보내 주시고, 그를 믿는 자는 누구나 멸망치 않고 영원한 생명을 얻게 해 주시니, 무한한 감사를 드립니다.[1] 기도하오니, 제 자녀 _________도 예수 그리스도를 구세주로 영접하게 하여 주소서.

_________로 하여금, 주님의 헌신적인 사랑으로 인하여 우리가 이웃과 우리 자신을 사랑할 수 있는 힘을 얻게 되었음을 항상 기억하게 하소서.[2] 기도하오니, 그로 하여금, 우리가 신정으로 주를 사랑할 때 순종하게 되며, 온전히 주의 명령에 따라 살게 되리라는 것을 깨닫게 하여 주소서.[3] 온전한 주의 사랑으로 그를 채워 주셔서, 두려움을 쫓아내게 하소서.[4] 기도하

오니, 주님께서 사랑하신 것처럼 사랑함으로써, ＿＿＿＿＿＿＿
가 진정한 주의 제자로 모든 사람들이 생각할 수 있게 하소
서.[5] 그의 사랑이 항상 진실하여, 위선의 흔적이라고는 찾아볼
수 없게 하여 주소서.[6]

하나님! 아버지의 사랑은 끝이 없사오니, 감사를 드립니다.
그 사랑은 영원부터 영원까지입니다. 제 아이의 마음에 그 사
랑을 부어 주셔서, 그가 모든 성도들과 더불어 충만하신 그리
스도의 사랑을 깨닫게 하여 주소서.[8]

＿＿＿＿＿＿＿로 하여금, 사랑하는 마음의 직접적인 표현은 베
푸는 것이라는 것을 깨닫게 하여 주소서. 하나님 아버지!
＿＿＿＿＿＿＿를 통해서 아버지의 그 사랑이 다른 이들에게까
지 흘러가게 하옵소서. 그로 하여금, 아버지께서 우리 주 예
수 그리스도를 통해서 보여 주신 것처럼, 사랑하고 베풀고 봉
사하게 하여 주소서.

기도하오니, 아버지! 믿음을 통해, ＿＿＿＿＿＿＿의 마음속에
우리 주 예수께서 거할 수 있게 해 주소서. 아버지 하나님의
사랑 안에 그가 뿌리를 내리게 하시고, 터를 굳건히 하게 하
소서. 무엇보다도, 아버지여! ＿＿＿＿＿＿＿에게 지식을 초월
하는 하나님의 사랑을 알고자 하는 마음을 갖게 하여 주소서.
그리고 아버지의 충만함으로 온전히 충만하게 하여 주소서.[9]

그로 하여금, 사랑이 가장 좋은 방법이라는 것을 알게 하여 주소서.[10] 사랑이 다른 어떤 은사보다도 우위에 있다는 것을 깨닫게 하소서. 이처럼 __________가 사랑으로 행하게 하시며, 주님께서 자신을 사랑하신 것처럼 다른 사람을 사랑할 수 있는 마음을 가질 수 있도록 가르쳐 주옵소서. 그에게 무엇보다도 마음을 다하고 영혼과 뜻을 다하고 힘을 다하여서, 아버지 하나님을 사랑하게 하시고, 이웃을 제 몸과 같이 사랑하게 해 주소서.[11]

(1) 요 3:16, (2) 요일 4:17~21, (3) 요 14:15, (4) 요일 4:18, (5) 요 13:34~35, (6) 롬 12:9, (7) 롬 5:5, (8) 엡 3:18, (9) 엡 3:19, (10) 고전 12:31, (11) 막 12:30~31

온유하고 친절한 마음으로 사는 삶

Walking in Meekness

주 하나님의 온유하신 성품은 결코 연약한 것과는 다르다.

"나는 마음이 온유하고 겸손하니 나의 멍에를 메고 내게 배우라. 그러면 너희 마음이 쉼을 얻으리니"(마 11:29).

 기도

주님! 이 시간, 제 자녀 __________의 삶 가운데 역사해 주시기를 간구합니다. 그에게 역사하셔서, 주의 멍에를 메고 주님만 따르게 하여 주소서. 그에게 영혼의 참된 온유함이 얼마나 중요한지에 대해 가르쳐 주옵소서.[1]

__________가 하나님의 부르심에 합당한 삶을 살 수 있도록 인도해 주소서.[2] 또한, 온전히 자신을 낮추고 온유함과 인내심을 갖고 행하며, 다른 사람들에게 관대하고 언제나 주의 사랑으로 사람들을 용납하는 마음을 갖게 해 주소서.[3]

아버지! 제 아이가 날마다 새 사람을 덧입을 수 있도록 인도해 주소서. 아버지! 새 사람을 입으면 하나님의 형상을 좇아 지식에까지 새롭게 되리라고 말씀해 주시니, 감사드립니다.[4]

그가 하나님의 사랑과 거룩함으로 택함 받은 자답게 온유함을 입게 하여 주소서.[5] 그리고 __________가 부당하게 핍박을 받을 때에도 서둘러 반격하지 않게 하시고, 길이 참는 성품을 가질 수 있도록 도와주소서.[6]

하나님! __________로 하여금, 아버지 하나님의 종으로서 다투지 않으며, 모든 사람들에게 온유함으로 가르치고, 자신을 거역하는 자들이라도 잘 훈계하게 하여 주소서. 그들이 혹시 그로 인해 주님과 주님의 사랑으로 다시 돌아올 수도 있기 때문입니다.[7] 그리고 __________에게 은혜를 주셔서, 이기심을 버리고, 다른 사람을 나보다 더 귀하고 나은 사람이라고 생각할 수 있도록 인도해 주소서. 또, 그가 자신의 일만 돌보는 것이 아니라, 다른 사람들의 일도 돌아볼 줄 아는 사람이 되게 하여 주소서.[8]

유순한 마음의 자질이 __________의 삶 속에 자라나게 하셔서, 그가 자기 영혼을 구원할 능력이 있는 주의 말씀을 온유한 마음으로 받아들이게 하여 주옵소서.[9]

주님! 기도하오니, __________가 일생 동안 의, 양선, 충성, 사랑, 인내, 온유와 같은 결실을 맺으며 살아갈 수 있게 하여 주소서. 그가 믿음의 선한 싸움을 끝까지 잘 싸울 수 있도록 계속해서 힘을 주시고, 그로 인해 영생을 얻게 하여 주옵소서.

그가 이를 위해 부르심을 입은 줄로 믿습니다.[10] 아멘.

 인용 성구

(1) 갈 5:23, (2) 엡 4:1, (3) 엡 4:2, (4) 골 3:10, (5) 골 3:12, (6) 벧전 2:20, (7) 딤후 2:24~25, (8) 빌 2:3~4, (9) 약 1:21, (10) 딤전 6 :11~12

자비와 겸손으로 사는 삶

Walking in Mercy and Humility

하나님의 자비는 영원하시다.

"사람아, 주께서 선한 것이 무엇임을 네게 보이셨나니, 여호와께서 네게 구하시는 것이 오직 공의를 행하며 인자를 사랑하며 겸손히 네 하나님과 함께 행하는 것이 아니냐"(미 6:8).

 기도

하나님 아버지! 아버지의 자비로우신 은혜와 그 겸손하신 성품을 찬양하고 감사를 드립니다. 아버지는 자비로우시며, 은혜로우시며, 노하기를 더디 하시며, 인자하심이 풍부하신 하나님이십니다.[1] 하나님의 인자하심이 생명보다 나으므로, _________로 하여금 여호와 하나님을 찬양하게 하여 주옵소서.[2]

그가 주의 성령과 교제함에 있어서, 주와 한 마음이 되어, 주님을 기쁘시게 하옵소서.[3] 그 마음 가운데 예수 그리스도의 마음을 품어서, 겸손하고 순종하는 마음을 갖게 하여 주소서.[4]

그가 자비와 친절과 온유와 겸손과 오래 참음의 옷을 입음으로써, 주의 뜻을 이루게 하시고, 그리스도께서 자신을 용서한

것처럼 다른 사람을 용서하소서. 무엇보다도, 이 모든 것 위
에 사랑을 더하여 주소서. 사랑은 모든 것을 완성하는 최고의
것임을 믿습니다.[5]

(1) 시 103:8, (2) 시 63:3, (3) 빌 2:1~2, (4) 빌 2:5~8, (5) 골 3:12~14

순종하는 삶

하나님께 순종하는 것은 하나님께 대한 사랑이 얼마나 진실하고 큰지를 가장 잘 보여 주는 길이다. – 나다나엘 에몬스

> "자녀들아 너희 부모를 주 안에서 순종하라 이것이 옳으니라. 네 아버지
> 와 어머니를 공경하라 이것이 약속 있는 첫 계명이니, 이는 네가 잘되고
> 땅에서 장수하리라"(엡 6:1-3).

 기도

하늘에 계신 우리 아버지! 저는 진정 제 자녀의 인생이 잘되기 원하고, 그가 땅에서 장수하기를 소원합니다. 이 시간 주님 앞에 나아와 기도하오니, 제가 먼저 자녀에게 순종의 본을 보임으로, 하나님께 순종하는 법을 가르치게 하여 주시고, 또한 부모에게 순종하는 자녀 되게 하소서. 아버지! 제가 그의 분노를 자극함으로써 죄책감을 느끼는 일이 없게 하시고, 항상 주의 교양과 훈계로 그를 양육해야 할 책임이 있다는 것을 명심하게 하소서.[1]

제 자녀가 하나님의 아들 예수 그리스도에 대한 구원의 지식에 이를 수 있도록 인도해 주소서.[2] 그로 하여금, 진정 주를 사랑한다면, 주의 말씀에 순종해야 한다는 것을 깨닫게 하여 주소서.[3] 사람에게 순종하는 것보다 하나님께 순종하는 것이

훨씬 더 중요하다는 것을 알게 하여 주소서.[4] 그에게 하나님의 뜻을 거스르는 또래들의 압력에 저항할 수 있도록 힘을 주시옵소서.

오, 하나님! 아버지의 말씀에 즐겨 순종하는 자는 땅의 아름다운 소산을 먹을 것이라 하셨습니다.[5] 이 약속의 말씀이 제 자녀에게 이루어지게 하여 주옵소서. 순종하는 마음을 가르쳐 주셔서, 이 말씀을 자신의 것으로 경험하게 하옵소서. 그에게 지혜와 순종하는 마음을 주셔서, 매사에 먼저는 하나님께, 그리고 위에 있는 권세들과 부모에게 순종하는 지혜를 주옵소서. 종말로, 아버지여! 간구하오니, 환난날에 그가 하나님께 돌아오게 하시고, 주의 목소리를 청종할 때 그를 버리지 마시고, 주께서 맺은 언약을 잊지 마소서.[7] 주 우리 하나님의 이름을 찬양합니다.

아버지여! 아버지께서는 하나님께 순종하는 것이 번제보다 낫고, 그 목소리와 가르침에 청종하는 것이 수양의 기름보다 낫다고 말씀하셨습니다.[8] 이 귀중한 진리를 제 자녀에게도 밝히 보이시고, 항상 이 진리의 말씀대로 순종할 수 있도록 인도해 주소서.

오, 죽은 자 가운데서 우리 구주 예수를 살리신 평강의 하나님! 기도하오니, 우리의 목자 되신 주님의 영원한 언약의 피로

말미암아, 제 자녀 ___________을 완전하게 하여 주시고,
주의 뜻을 이루소서. 기도드리오니, 예수 그리스도로 말미암
아, 주님 보시기에 기뻐하시는 일을 행하게 하소서. 예수 그리
스도, 우리 주님께 세세무궁토록 영광을 돌립니다. 아멘.[9]

(1) 엡 6:1~4, (2) 요 3:16, (3) 요 14:15, (4) 행 5:29, (5) 사 1:19, (6) 롬 13:1, (7)
신 4:30~31, (8) 삼상 15:22, (9) 히 13:21~22

인내하는 삶

Walking in Patience

주를 기대하는 발걸음은 언제나 목적지에 도달한다.

"게으르지 아니하고 믿음과 오래 참음으로 말미암아 약속들을 기업으로 받는 자들을 본받는 자 되게 하려는 것이니라"(히 6:12).

 기도

하나님 아버지! 제 자녀 __________의 삶을 은혜로 채워 주셔서, 그가 살아가는 동안 항상 인내의 열매를 맺게 하여 주소서.[1] 주 성령의 능력으로 그에게 인내할 힘을 주시니, 감사드립니다. 아버지! 기도하오니, 저 또한 제 자녀 앞에서 인내의 본을 보일 수 있도록 도와주시옵소서. 오직 주 앞에서 인내하면서 주의 뜻을 행하면 주의 약속을 받게 되리라는 것을, 추호의 의심도 없이 믿게 하여 주소서.[2] __________가 주를 기다리고 바라는 법을 배우게 하여 주소서.[3] 주의 도는 완전하며 주의 말씀은 신실하십니다.[4] 주께서 저의 도움이 되시고, 방패가 되어 주시니, 제가 주를 바랍니다.[5]

오, 하나님! 기도하오니, 파수꾼이 아침을 기다리는 것보다도, 항상 제 자녀의 영혼이 주 하나님을 더 기다리게 하여 주옵소서.[6] 노하기를 더디 하는 자가 지혜롭고 명철한 사람이라는 것을 가르쳐 주소서.[7] 참을성 있는 마음이 교만한 것보다 낫다는 말씀을 항상 기억하게 하소서.[8] 오, 하나님! 주는 위대하시고 영화로우시며 능력이 많으시니, 제 자녀가 주를 기대하고 기다릴 것이며, 주는 만 주의 주시므로 주께서 그를 구원하실 것입니다.[9] 하나님을 찬양합니다.

하나님! 언제나 아버지의 귀한 약속의 말씀으로 인해 감사를 드립니다. 제 아이가 보기에 그 언약의 말씀이 때때로 더디게 느껴지더라도, 주의 약속하신 말씀을 인내하며 기다리는 것이 중요하다는 것을 깨닫게 하여 주옵소서. 그에게 믿음을 주셔서, 주의 약속은 반드시 이루어진다는 확신을 갖게 하여 주옵소서.[10] 주 하나님의 말씀은 언제나 진실하며, 아버지의 성실하심은 대대에 미칩니다.[11]

___________에게 환난이 다가올 때에도, 시험은 인내를 낳고, 인내는 연단을, 연단은 소망을 이루게 된다는 것을 기억하게 하여 주소서.[12] 감사합니다. 하나님! 제가 선을 행하되 낙심하지 않게 하소서. 주의 완벽한 뜻이 이루어질 때까지 기다리면, 때기 이르러 거두게 되리라는 것을 깨닫게 하여 주소서.[13]

그가 살아가는 동안, 모든 사람들에 대하여 오래 참게 하여 주소서.[14] 그의 인내의 열매가 모든 사람들 앞에 드러나게 하여 주소서.[15] 그의 믿음과 인내심을 가지고, 하나님의 약속을 기업으로 받는 자들을 본받게 하여 주옵소서.[16] 인내를 온전히 이룸으로써, 온전하고 구비하여 조금도 부족함이 없도록 인도해 주소서.[17] 아멘.

 인용 성구

(1) 갈 5:22, (2) 히 10:36, (3) 시 130:5, (4) 시 18:30, (5) 시 33:20, (6) 시 130:6, (7) 잠 14:29, (8) 전 7:8, (9) 사 25:9, (10) 합 2:3, (11) 시 119:90, (12) 롬 5:3~4, (13) 갈 6:9, (14) 살전 5:14, (15) 갈 5:22, (16) 히 6:12, (17) 약 1:4

평강이 넘치는 삶

Walking in Peace

마음의 평안은 하나님과 화평할 때 다가온다.

"그리스도의 평강이 너희 마음을 주장하게 하라. 평강을 위하여 너희가 한 몸으로 부르심을 받았나니, 또한 너희는 감사하는 자가 되라"(골 3:15).

기도

평강의 주 하나님! 사람이 그 지식으로는 헤아릴 수 없는 평안을 우리에게 내려 주시니, 감사를 드립니다. 기도하오니, 그리스도 예수 안에서 아버지의 평강이 제 자녀 __________의 마음을 지키고 주장하게 하여 주소서.[1] 그에게 하나님께서 주시는 평안을 내려 주소서. 하나님! 주께서는, 주를 의지하므로 언제나 그 마음을 주께 두는 자들을 온전한 평강으로 지켜 주십니다. 그로 하여금 이것을 깨닫게 하시고 온전한 평강으로 인도하여 주시옵소서.[2] 하나님! 기도하오니, __________가 그 심지를 견고히 하여 자신을 주께 맡기고, 언제나 주를 의뢰하게 하여 주옵소서.

부디 __________에게 주의 평강을 허락하셔서, 그 평강이 그의 마음에 옳은 것과 그른 것을 분별하는 기준이 되게 하여 주옵소서. 그리고 __________가 언제나 그리스도의 평강이

자신의 마음을 주장하는 대로 살게 도와주옵소서.[3]

___________가 모든 사람들과 더불어 평화하게 하여 주옵소서.[4] 다툼이나 용서하지 못하는 행동 모두 변명의 여지가 없다는 것을 기억하게 하여 주소서. 그로 하여금, 싸움에는 언제나 상대가 있기 마련이며, 과격한 말은 분노를 일으키나 부드러운 대답은 분노를 가라앉히게 된다는 것을 기억하게 해 주소서.[5]

주님! 그가 혀를 제어하여 악한 말을 금하고, 그 마음에 화평을 추구할 수 있도록 도와주시옵소서.[6] 언제나 우리 주 예수 그리스도는 평강의 왕이심을 기억하게 하여 주소서.[7] 그리고 ___________가 항상 온 맘을 다해 주를 따르게 하여 주소서.

하나님 아버지! ___________가 화평의 열매를 맺는 크리스천이 될 수 있도록 도와주소서. 모든 인간관계에 있어서 평화의 열매를 맺는 사람이 되게 하여 주소서.[8] 그가 성령 안에 거하여, 주와 함께, 동료들 간에, 그리고 자기 자신과도 더불어 화평하며 살아갈 수 있도록 인도해 주소서.[10]

주님! 평강은 아주 귀중한 보화입니다. ___________가 그 보화를 소중히 지키고, 결코 주께서 주신 평강을 빼앗기지 않게 하여 주옵소서.

_________로 하여금, 주의 명령에 주의하면, 주님 주시는 평강이 강과 같이 흐르며, 공의가 바다 물결처럼 넘치리라는 것을 깨닫게 하여 주소서.[11] 할렐루야!

(1) 빌 4:7, (2) 사 26:3~4, (3) 골 3:15, (4) 롬 12:18, (5) 잠 15:1, (6) 시 34:13~14, (7) 사 9:6, (8) 약 3:18, (9) 갈 5:25, (10) 히 12:14, (11) 사 48:18

주의 계시가 있는 삶

하나님은 아이들에게 지혜와 계시를 주기 원하신다.

"우리가 세상의 영을 받지 아니하고 오직 하나님께로 온 영을 받았으니, 이는 우리로 하여금 하나님께서 우리에게 은혜로 주신 것들을 알게 하려 하심이라"(고전 2:12).

 기도

우리 주 예수 그리스도의 아버지이시며, 모든 영광의 아버지이신 우리 하나님! 아버지의 그 지극하신 사랑에 대해 감사드리고, 제 자녀 __________를 인하여 감사드립니다. 기도하오니, 그에게 지혜와 계시의 영을 부어 주셔서, 하나님을 알게 하여 주시고, 그로 인해 마음의 눈이 밝아지게 하여 주옵소서. 그가 아버지께서 부르신 그 소망이 무엇이며, 성도들이 받게 되는 그 영광의 풍성한 기업이 무엇인지를 알게 하여 주소서. 그리고 그가 믿는 자에게 역사하시는 하나님의 위대한 능력이 얼마나 큰 것인지를 알게 하여 주소서. 하나님께서는 그 크신 능력으로 그리스도 안에서 역사하사, 우리 주를 죽은 자 가운데서 살리시고, 하늘에서 하나님 우편에 앉히시며, 모든 정사와 권세와 능력과 주권 위에, 그리고 이 세상뿐만 아니라 오는 세상에서 불릴 모든 이름 위에 뛰어나게 하셨습니

다. 또한, 만물을 그리스도의 발 아래 굴복시키시고, 만물 위
에 뛰어난 교회의 머리로 삼으셨습니다. 교회는 그리스도의
몸이요, 만물 안에서 만물을 충만케 하시는 하나님의 충만임
을 고백합니다. 아멘.[1]

(1) 엡 1:17~23

절제하는 삶

Walking in Self-Control

절제는 우리가 오직 그리스도의 통제를 받을 때 가능한 것이다.

"자기의 마음을 제어하지 아니하는 자는 성읍이 무너지고 성벽이 없는 것 같으니라"(잠 25:28).

 기도

사랑의 하나님! __________로 하여금, 절제가 인생을 사는 데 얼마나 중요한 자질인지를 깨달을 수 있게 하여 주소서. 절제는 저희에게 꼭 필요한 성령의 열매입니다. 제 자녀를 성령으로 충만케 하셔서, 항상 절제하는 마음을 훈련할 수 있도록 인도해 주소서.[1]

그에게 절제에 인내를 더하시고, 인내에 경건을 더하여 주옵소서.[2] 기도하오니, 주의 권세 아래서 주의 다스리심과 통제를 받는 것이 자신에게 필요하다는 것을 느끼게 하여 주옵소서.

성령으로 __________에게 힘을 주소서, 강하게 하소서. 그로 인해 그의 인생에 절제의 꽃을 피우게 하여 주옵소서.[3] 또한, 그가 모든 일에 절제함으로써 승리하게 하시고, 그 무엇보다 썩지 않을 면류관을 얻는 데 온 힘을 다하게 하여 주옵소서.[4] 그가 자기 몸을 쳐서 주의 성령께 복종시킬 수 있게 하시고, 생명의 경주를 할 때에 믿음의 주요 온전케 하시는 예수를 바라보게 하옵소서.[5]

기도하오니, _________가 주께서 주신 신실한 말씀을 굳게 붙잡을 수 있게 도와주소서. 그가 자기만족만을 추구하지 않게 하시고, 의롭고 거룩하며 절제하게 하여 주옵소서.[6] 그에게 의의 흉배를 입혀 주시고, 구원의 투구를 쓰게 하여 주옵소서. 주님께서 주시는 이 선물들을 가지고, 그가 일생 동안 근신하고 깨어있게 될 줄 믿습니다. 그리고 _________가 자기의 모든 생각을 사로잡아서 그리스도께 복종시킬 수 있도록 도와주소서.[8] 주님! 그의 삶에 역사하시어, 매사에 주의 다스리심 가운데 절제의 열매가 맺힐 수 있도록 인도해 주소서. 그의 인생 가운데, 절제의 열매를 키우시고 자라게 하여 주시니, 감사를 드립니다.

(1) 갈 5:23, (2) 벧후 1:6, (3) 갈 5:23, (4) 고전 9:24~27, (5) 히 12:1~2, (6) 딛 1:7~9, (7) 살전 5:6~8, (8) 고후 10:5

신뢰하는 삶

Walking in Trust

하나님을 너무 믿지 못하는 경우는 있으나, 지나치게 믿는 경우는 없다.

"너는 마음을 다하여 여호와를 의뢰하고 네 명철을 의지하지 말라. 너는 범사에 그를 인정하라 그리하면 네 길을 지도하시리라"(잠 3:5-6).

 기도

아버지! 언제나 약속의 말씀을 주시니, 감사드립니다. 이 약속의 말씀들은 견고하게 닦인 길과 같아서, 믿고 그 위로 나아갈 수 있게 합니다. 기도하오니, 제 자녀 _________가 자신의 명철을 의지하지 않고, 오직 마음을 다하여 주를 신뢰하는 법을 배우게 하여 주소서.[1] 기도하오니, 그의 마음이 주를 신뢰하는 마음으로 견고하게 하여 주소서. 주를 신뢰함으로써, 모든 악하고 흉흉한 소식을 두려워하지 않게 하여 주소서.[2]

아버지! 그가 어린아이처럼 주를 신뢰하는 성품을 갖게 해 주소서. 주의 교양과 훈계 속에서 자라나며,[3] 주의 사랑 안에서 뿌리를 내리고 터를 견고히 하여,[4] 믿음 안에서 끊임없이 성숙하게 하옵소서. 믿음이 없이는 아버지를 기쁘시게 해 드릴 수 없기 때문입니다.[5]

주께서는, 주를 신뢰하는 사람은 시냇가에 심긴 나무와 같아서, 주님께 그 뿌리를 내리므로 두려움이 없고 항상 열매를 맺는다고 말씀하셨습니다.[6] 간구하오니, __________가 주님께 심기운 나무와 같게 하여 주옵소서. 오, 하나님! 그로 하여금, 생명수를 마음껏 마시게 하여 주옵소서.[7]

__________가 무조건적으로 주를 신뢰하는 법을 배우게 하시고, 그의 길을 인도하여 주소서.[8] 주의 자비로 그를 온전히 감싸 주옵소서.[9] 아버지! 아버지의 그 크신 신실하심을 인하여 감사를 드립니다. 또한 그 신실하심으로, 제 아이로 하여금 아버지를 신뢰하게 하여 주시니, 감사드립니다. 그의 일생 동안 지켜 돌보아 주옵소서.

__________로 하여금, 기도야말로 주를 신뢰하게 하는 비결이라는 것을 깨닫게 해 주셔서, 밤낮으로 간구하고 기도하게 하여 주옵소서.[10] 그가 덧없는 재물이나 하나님이 아닌 다른 것을 신뢰하지 않도록 인도해 주소서. 살아계신 우리 하나님! 우리에게 모든 것을 풍성히 주시고 누릴 수 있게 해 주시는 하나님만을 소망하게 하여 주소서.[11]

주여! 기도하오니, __________가 주님만을 신뢰하는 법을 배워서, 일생 동안 모든 인간관계 - 우정, 사업 제휴, 가족, 결혼, 부모관계, 교회와의 관계 - 에서 신뢰의 관계를 맺게 하여 주옵소서. 모든 신뢰 관계는 하나님께로부터 나온다고 믿습니다. 그가 주께로 돌이킬 때에, 그로 하여금 다른 것에서는 결코 만족을 얻을 수 없으나, 오직 하나님만으로 만족할 수 있게 하소서. 아버지께서 자신을 새 언약 시대의 일꾼으로 부르시고,[12] 화해의 직분을 가진 자로 만드시며,[13] 언제나 주를 신뢰하도록 인도해 주시리라는 것을 깨닫게 하여 주소서.

 인용 성구

(1) 잠 3:5~6, (2) 시 112:7, (3) 엡 6:4, (4) 엡 3:17, (5) 히 11:6, (6) 렘 17:7~8, (7) 계 21:6, (8) 잠 3:6, (9) 시 32:10~11, (10) 딤전 5:5, (11) 딤전 6:17~18, (12) 고후 3:4~6, (13) 고후 5:18

지혜와 지식이 충만한 삶

Walking in Wisdom and Knowledge

지혜 없는 지식은 별 가치가 없다.

"내 아들아, 꿀을 먹으라. 이것이 좋으니라. 송이꿀을 먹으라. 이것이 네 입에 다니라. 지혜가 네 영혼에게 이와 같은 줄을 알라. 이것을 얻으면 정녕히 네 장래가 있겠고 네 소망이 끊어지지 아니하리라"(잠 24:13-14).

기도

하나님! 하나님의 말씀은 분명하고 확실하기에, 감사를 드립니다. 주 하나님의 말씀은 영원히 하늘에 굳게 서 있습니다.[1] 주께서는 주의 말씀이 이루어지는 것을 보시려고 지켜보십니다.[2] 아버지 하나님! 아버지께서는, 집이 지혜로 지어지고, 명철로 튼튼하여진다고 말씀하셨습니다.[3] 기도하오니, 사랑하는 아버지! 제 아이의 집도 지혜로 지어지고, 명철로 튼튼해지게 하여 주옵소서. 지혜가 가져다주는 힘의 진가를 알게 하여 주옵소서.[4]

주님께서는 지혜로운 아이가 어리석은 왕보다 낫다고 말씀하셨습니다.[5] 기도하오니, 생명을 구원하는 주님의 지혜로 제 아이를 인도하여 주옵소서.[6] 또한, 그 지혜를 통해 __________ 에게 힘과 생기를 부어 주소서.[7]

제 자녀의 얼굴이 주님이 주시는 지혜로 밝게 빛나게 하여 주소서.[8] 지혜로 충만히 채워 주셔서, 시기와 옳고 그름을 분별하게 하소서.[9] 주님의 빛처럼 밝은 명철과 뛰어난 지혜가 그 아이 안에서 드러나게 하소서.[10] 그로 하여금, 지혜가 물리적인 힘보다 더 낫고,[11] 어떤 무기보다 강력하다는 것을 깨닫게 하여 주소서.[12]

지혜와 권능이 하나님께 있사오니, 감사와 찬양을 드립니다.[13] 기도하오니, 주의 지혜와 명철을 __________에게도 나누어 주소서.

예수님께서 반석 위에 집을 지은 사람이 지혜로운 자라고 말씀하셨던 것처럼, 제 아이도 반석 위에 자기 인생을 설계하는 지혜로운 사람이 되게 하여 주소서.[14] 그로 하여금, 이 세상의 지혜는 하나님께서 보시기에 어리석을 뿐이라는 것을 항상 깨닫게 하여 주옵소서.[15]

__________의 부모로서, 저에게도 지혜가 필요합니다. 저에게 지혜를 주옵소서. 아버지! 우리가 지혜가 부족하여 아버지께 나아갈 때, 믿음으로 구하고 조금도 흔들리지 아니하면, 후히 지혜를 주시고 꾸짖지 아니하시리라고 말씀해 주시니, 감사합니다.[16] 금을 얻는 것보다 지혜를 얻는 것이 더 낫다고 하였사오니, 저로 하여금 이 참된 가치를 붙들게 하시고, 제

자녀도 무엇보다 지혜를 우선으로 삼을 수 있도록 인도해 주시옵소서.[17]

하나님! 제 자녀에게 지혜를 주소서. 그로 하여금, 지혜와 명철은 주의 입술에서 나오는 것임을 알게 하여 주소서.[18] 오, 아버지! 그가 자기의 날수를 계수할 줄 알아서, 지혜의 마음을 얻게 하여 주소서.[19] 기도하오니, 무엇보다도 주 하나님을 경외하는 것이 지혜의 근본임을 깨닫게 하여 주시고,[20] 신령과 진정으로 주를 경배할 수 있도록 인도해 주소서.[21]

 인용성구

(1) 시 119:89, (2) 렘 1:12, (3) 잠 24:3, (4) 전 7:19, (5) 전 4:13, (6) 전 7:12, (7) 전 7:12, (8) 전 8:1, (9) 전 8:5, (10) 단 5:14, (11) 전 9:16, (12) 전 9:18, (13) 단 2:20, (14) 마 7:24~26, (15) 고전 3:19, (16) 약 1:5, (17) 잠 16:16, (18) 잠 2:6, (19) 시 90:12, (20) 시 111:10, (21) 요 4:24

균형 있는 교육
A Well-Rounded Education
기도는 세계를 움직이게 한다. – 존 윌리스

"여호와를 경외함이 곧 지혜의 근본이라. 그 계명을 지키는 자는 다 좋은 지각이 있나니, 여호와를 찬송함이 영원히 있으리로다"(시 111:10).

 기도

하나님 아버지! 이 시간, 제 자녀의 교육 문제로 기도합니다. 그에게 하나님의 지혜로 충만한 크리스천 스승을 보내 주옵소서. 그의 모든 선생님들이 주의 말씀을 알아서, 그 진리의 말씀으로 교육하게 하여 주소서. 그 선생님들로 하여금, 지혜로운 자의 혀는 올바른 지식을 베풀지만, 어리석은 혀는 그 어리석음을 말로 쏟아 낸다는 것을 깨닫게 하여 주소서.[1] 부디 제 자녀 __________를 축복하사, 그가 좋은 교육을 받게 해 주시옵소서. 그래서 정신적으로나, 신체적으로나 감정적으로, 사회적으로나 영적으로 긍정적인 방향으로 잘 지도를 받아, 올바르게 성장할 수 있도록 인도해 주소서.

그로 하여금, 하나님께 인정받는 일꾼이 되기 위해, 진리의 말씀을 올바르게 분별하고 열심히 공부하게 하소서.[3] 하나님! 주의 지혜를 찾는 사람과 명철을 얻는 사람들이 항상 번성하며 성공한다는 것을 알게 하여 주소서.[4] 그리고 그가 마음에 지혜를 얻어서,[5] 부지런히 자기 마음을 지키게 해 주소서. 생명의 근원이 마음에서 나오기 때문입니다. 또한, 아버지! 그가 항상 주 하나님의 말씀을 경외하게 하여 주옵소서. 주의 목소리에 주의를 기울이고, 주의 말씀에 귀를 기울이게 하여 주소서. 주의 말씀은 그것을 얻는 자에게 생명이 되며, 온 육체에 건강을 줍니다.[6]

제 자녀에게 지혜로 충만히 채워 주셔서, 그가 항상 주의 뜻을 분별할 수 있도록 인도해 주소서.[7] 주 하나님께 힘과 지혜가 있다는 것을 항상 기억할 수 있게 해 주시고,[8] 마음 깊은 곳까지 주의 지혜로 가득 채워 주소서.[9] 또한, 모든 신령한 지혜와 명철로써, 하나님의 뜻을 아는 지식으로 충만하게 채워 주소서. 그로 말미암아 주의 뜻을 분별하여, 주님 앞에 합당하게 살아가게 하소서, 모든 일에서 주를 기쁘시게 하고, 모든 선한 일에서 열매를 맺으며, 점점 더 하나님의 뜻을 잘 분별해 내는 사람으로 자라게 하여 주소서.[10]

인용 성구

(1) 잠 15:2, (2) 마 7:7~8, (3) 딤후 2:15, (4) 잠 3:13, (5) 시 90:12, (6) 잠 4:20~23, (7) 출 28:3, (8) 욥 12:13, (9) 시 51:6, (10) 골 1:9~11